RENZO PIANO – FONDATION BEYELER

RENZO PIANO – FONDATION BEYELER   EIN HAUS FÜR DIE KUNST

Herausgegeben von der Fondation Beyeler
2. erweiterte Auflage

Birkhäuser – Verlag für Architektur
Basel · Boston · Berlin

Ernst Beyeler
7 Vorwort

Werner Blaser
Mauer und Dach
19 *Der Entwurfsprozess*

Lutz Windhöfel
Stille als Konzept
31 *Ein Gespräch mit Renzo Piano*

Andrea Compagno
Einfachheit und Komplexität
47 *Zur Konstruktion und Gebäudetechnik*

Roman Hollenstein
Tempel und Pavillon
59 *Zur Architektur der Fondation Beyeler*

Jochen Wiede
Ein Museum im Park
105 *Die Landschaftsgestaltung*

Markus Brüderlin
Kunst und Architektur
121 *Die Sammlung und die Sonderausstellungen in «ihren» Räumen*

143 Projektdaten
144 Die Autoren
147 Bildnachweis
150 Impressum

Ernst Beyeler **Vorwort**

Wir machten uns früher nicht viele Gedanken über die Zukunft der Bilder und Skulpturen, die sich im Laufe der letzten 50 Jahre Galerietätigkeit angesammelt hatten; höchstens, dass wir sie dereinst dem Basler Kunstmuseum übergeben würden, was in Basel eine lange Tradition hat. Im Jahre 1989 wurden wir eingeladen, unsere Sammlung erstmals im Centro de Arte Reina Sofía in Madrid zu zeigen. Das Publikum reagierte begeistert, und die Medien berichteten sehr positiv. In der Folge lud uns die Regierung des Kantons Basel-Stadt ein, zu überlegen, wo wir die Sammlung in Basel am liebsten sähen. Man schlug uns einige Liegenschaften und einen Auf- oder Anbau beim Kunstmuseum vor. Es gab auch Angebote aus dem Ausland: New York, Spanien, Holland und Deutschland. Wir hatten uns einige Zeit vorher entschlossen, eine Stiftung zu gründen, um die Sammlung zusammenzuhalten, denn wir fanden es spannend, die Werkgruppen grosser Künstler der letzten 100 Jahre mit den Skulpturen aus Afrika und Ozeanien an einem geeigneten Ort zu vereinen. Um eine solche Ausstellung und die Architektur mitbestimmen zu können, haben wir schlussendlich entschieden, ein eigenes Museum zu bauen.

Angesichts des schönen Geländes, das uns die Gemeinde Riehen im Berower-Gut zur Verfügung stellte, wäre es verlockend gewesen, einige Spitzenarchitekten zu einem Wettbewerb einzuladen. Dennoch beauftragten wir direkt Renzo Piano, der uns als Architekt mit dem Centre Pompidou in Paris und mit der Menil Collection in Houston beeindruckt hatte, das Museum zu bauen. Auch drängte die Zeit, nachdem die Verhandlungen doch aufwendiger waren als erwartet. 1993 kam es zu einem Referendum und einer öffentlichen Abstimmung über das Paket, das die Gemeinde mit der Villa, dem Ökonomiegebäude und einem jährlichen Zuschuss zur Verfügung stellen wollte. Die Bevölkerung von Riehen

entschied sich mit 62% Ja-Stimmen eindeutig für das Museumsvorhaben. Renzo Piano war begeistert von unserer Sammlung und dem Gelände, und er nahm die Herausforderung an. Ich begleitete den Auftrag mit dem Motto von Baudelaire «Luxe, Calme et Volupté». Die Wahl dieses Architekten sollte sich als eine sehr glückliche herausstellen, und es entwickelte sich ein debattenreicher Dialog.

In der Zwischenzeit wurde die Sammlung 1993 ein zweites Mal in der Neuen Nationalgalerie in Berlin präsentiert. 1994 konnte endlich mit dem Bau begonnen werden. Das erste Modell führte zur Maquette eines Raumes im Massstab 1:1, die uns wertvolle Einsichten für die gewünschten Raumdimensionen und für das auszuwählende Dach vermittelte. Daraus wurde ein drittes Modell abgeleitet, ebenfalls in 1:1, das im Park in Riehen real aufgebaut und mit den noch notwendigen Anpassungen und Veränderungen schliesslich realisiert wurde.

Gleich am Anfang der Planung schlug Renzo Piano ein Gebäude vor, das aus einem dem Gelände in Stufen angepassten, dreiteiligen Museumstrakt bestehen sollte. An dessen Ostseite wurde – wie an einem Flugzeugträger – ein Gebäudeteil angegliedert, der das Museum gleichzeitig gegen die stark befahrene Strasse abschirmt, während ein im Westen angefügter Wintergarten sich zur Landschaft hin öffnet mit Blick auf eine unverbaubare Auenlandschaft, die sich bis zum Fluss «Wiese» nahe der deutschen Grenze am Fuss des Tüllinger-Hügels erstreckt. Die Wünsche, das Museum respektive die Sammlung auf einer Ebene ohne Treppen zu erleben und einen Teich im Süden vor dem Gebäude anzulegen, bedingten eine Absenkung des ganzen Gebäudes, die dem Museum einen intimeren Charakter verlieh und eine scheinbar immer schon bestehende Einheit mit der Landschaft schuf.

Berower-Park, Ansicht von Westen, April 1991

Dem Dach widmete Renzo Piano besondere Aufmerksamkeit. Dadurch, dass das Tageslicht in seinem Wechsel in den Räumen erfahren werden soll, aber auch den konservatorischen Bedürfnissen, was die Lux-Werte anbetrifft, Rechnung zu tragen ist, wird in den Systemen alles sehr komplex, während die äussere Erscheinung des Daches sehr leicht, wie ein weisser Schmetterling wirkt. In einem immer sehr kreativen Dialog strebten wir eine noch grössere Einfachheit des Gebäudes an, wobei Renzo Piano immer bemüht war, dem Inhalt der Kunst das Primat zu verschaffen. Die Auseinandersetzung war so intensiv, dass wir beide am Ende den Eindruck hatten, dass jeder die Profession des andern übernehmen könnte: Renzo würde Sammler werden und ich das nächste Museum bauen.

Die vielen positiven Reaktionen, die das Museum seit der Eröffnung weltweit auslöste, waren für Renzo Piano und seinen Partner Bernard Plattner mit Loïc Couton, den Ingenieur Andy Sedgwick von Ove Arup, den lokalen Architekten von Burckhardt & Partner sowie für den Landschaftsarchitekten Jochen Wiede und alle Beteiligten, und natürlich auch für uns, eine angenehme Überraschung. 1998 erhielt Renzo Piano, aus den Händen von Bill Clinton übrigens, den begehrten Pritzker Preis. Es wird eine Herausforderung sein, die Sammlung auch in Zukunft durch Veränderungen und Verbesserungen lebendig zu erhalten. Ein Beitrag dazu ist die jetzige Durchmischung der starken Werkgruppen westlicher Kunst mit Stammeskunst aus Afrika und aus der Südsee.

Vor allem soll die Sammlung mit lebendigen, ereignishaften Wechselausstellungen, die auch einen erweiterten Kunstbegriff beinhalten, ergänzt oder bis zur Gegenwart erweitert werden.

Berower-Park mit Museum, Ansicht von Westen, unten vor der Bauerweiterung (Aufnahme: Frühjahr 1998), oben nach der Bauerweiterung von 1999/2000 (Aufnahme: Herbst 2000)

Nun liess aber die seit der Eröffnung dreifache Anzahl der erwarteten Besucher schon ein Jahr später die Pläne für einen Anbau im Nordteil reifen. Renzo Piano war einverstanden und die entsprechenden Behörden für das Vorhaben bald zu gewinnen. So konnte die Planung speditiv vorangetrieben werden. Im September 1999 war Baubeginn und im Mai 2000 die Erweiterung grösstenteils fertiggestellt. Im Erdgeschoss gewannen wir dadurch eine zusätzliche Ausstellungsfläche von 270 Quadratmetern dazu, die eine grosszügigere Hängung der Exponate ermöglicht. Die beiden bisher für die Wechselausstellungen benutzten Räume stehen wieder gänzlich für die Sammlung zur Verfügung, die selbst durch Neuankäufe ständig wächst. Die Erfahrungen mit den ersten Ausstellungen, insbesondere die Retrospektive von Roy Lichtenstein, zeigten, dass das Untergeschoss vorteilhafter mit eigenständigen Projekten zu bespielen ist. Der autonome Charakter dieser flachen, grossen «Schachtel» legt die Inszenierung von aufeinander abgestimmten Installationen nahe, was auch dem Kunstbegriff der neueren Tendenzen entspricht. Unseren guten Erfahrungen mit dem dortigen Multimediaraum, der es erlaubt, elektronische Kunst in ein spannungsvolles Verhältnis zur traditionellen Tafelmalerei zu setzen, wird durch zusätzliche 188 Quadratmeter abdunkelbaren Raums für neue Medien sowie für Seminare Rechnung getragen.

Die einfache Verlängerung des Baues um 12 Meter brachte von aussen gesehen keine wesentliche Veränderung in Proportion und Charakter des Gebäudes. Lediglich die nördliche Parklandschaft erfuhr eine deutliche Neugestaltung und wurde bis an die Weilstrasse erweitert. Sie setzt die beiden Parkseiten Nord und Süd in ein optisches Gleichgewicht, in deren geometrischer Mitte das Museum ruht.

Ansicht von Süden mit Giacometti-, Monet- und Rousseau-Saal

Entscheidend war, dass während der Erweiterungsarbeiten der Museumsbetrieb bis auf die geschlossenen Räume für Wechselausstellungen nicht tangiert wurde. Wir haben die Ausstellungstätigkeit deshalb während dieser Periode auf die Sammlung und Sammlungsräume konzentriert und diese mit den erfolgreichen Projekten «Cézanne und die Moderne» und «Farbe zu Licht» in ein neues Licht gestellt. Der zukünftige Erfolg der Fondation hängt aber neben der Sammlungspräsentation, der reizvollen Lage und der einladenden Architektur wesentlich vom lebendigen Programm ihrer Sonderausstellungen ab. Das zusätzliche Raumvolumen erlaubt es, besser auf die Bedürfnisse eines aufgeschlossenen Museumsbetriebs des 21. Jahrhunderts reagieren zu können und neben der Vergegenwärtigung der klassischen Moderne auch den experimentellen Dialog von Alt und Neu zu führen. Denn nicht immer kann die Fondation mit ihren ehrgeizigen Projekten in den Aussenraum expandieren, wie es im Winter 1998 mit den 175 «Wrapped Trees» von Christo und Jeanne-Claude geschah.

Nachdem die Fondation die Eröffnung des Museums mit einer umfangreichen Dokumentation der Sammlung begleitet hatte, möchten wir mit der Herausgabe dieses Buches dem interessierten und breiteren Publikum einen vielseitigen Einblick in die Architektur, deren Entstehung, deren Konstruktion und deren Wesen bieten.

Blick in den «Amerikaner»-Saal: Sam Francis «Round the World» 1958/59, Frank Stella «The Grand Armada» 1989, Ellsworth Kelly «Dark Gray with White Rectangle II» 1978, Barnett Newman «The Way II» 1969

Blick in und aus dem Wintergarten

Werner Blaser **Mauer und Dach**
Der Entwurfsprozess

Seine ersten Skizzenstriche hat Renzo Piano in Anlehnung an die bestehende, leicht gebogene Mauer an der Baselstrasse in Riehen gezeichnet. Die subtraktive Vorgehensweise im Umgang mit dieser konzeptionellen Idee der Mauer wurde dann zum architektonischen Grundelement. Die primäre Gestaltfindung des Architekten lag also in dem Grundsatz, der in vielen Verwandlungen immer wiederkehrt: die Mauer auch im Inneren fächerförmig auszubreiten.

Im Gegensatz zum Solitär mit seinen Wanddurchdringungen steht die Scheidung der transparenten Dachkonstruktion in Stahl und Glas. Es ist nicht verwunderlich, dass die transparente Dachkonstruktion mit der ungewöhnlichen Tageslichtführung die Gemüter bewegt. Ein räumliches Stahlskelett-Sheddach öffnet sich zum Himmel, wirft ein filtriertes Licht auf die Bildsammlung. Die Decke ist wie eine horizontale, silbrig glänzende Schuppenhaut aus Opakglas, die den Bogen zu den Anfängen grosser Ingenieurarchitektur schlägt: als Wahrzeichen eines menschlichen Massstabs, das durch die besondere Lichtführung ein ganz neues, ausgewogenes Gefühl in der Betrachtung der Kunst entstehen lässt.

Die Entwicklung dieser Dachgestalt begann 1991 mit einem Tonnengewölbe. Ein Jahr später wurde es durch ein Sheddach ersetzt, wie wir es vom Industriebau her kennen; dazu wurde ein Tragwerk aus laminierten Holzträgerteilen konzipiert. Der Bauherr aber wollte mehr Leichtigkeit. So entstand als Lösung eine leichte Stahlrohrkonstruktion. Mit Sorgfalt und Vorsicht wurde dieses Endprodukt anhand von Modellen Schritt für Schritt in der eigenen Modellwerkstatt in Paris erarbeitet. Es ging darum, alle Möglichkeiten für ein harmonisches Gleichgewicht durch die Dachkonstruktion auszuloten. In der definitiven Lösung von 1994 ist das savoir faire, schliesslich in den verschachtelten Glas- und Stahlele-

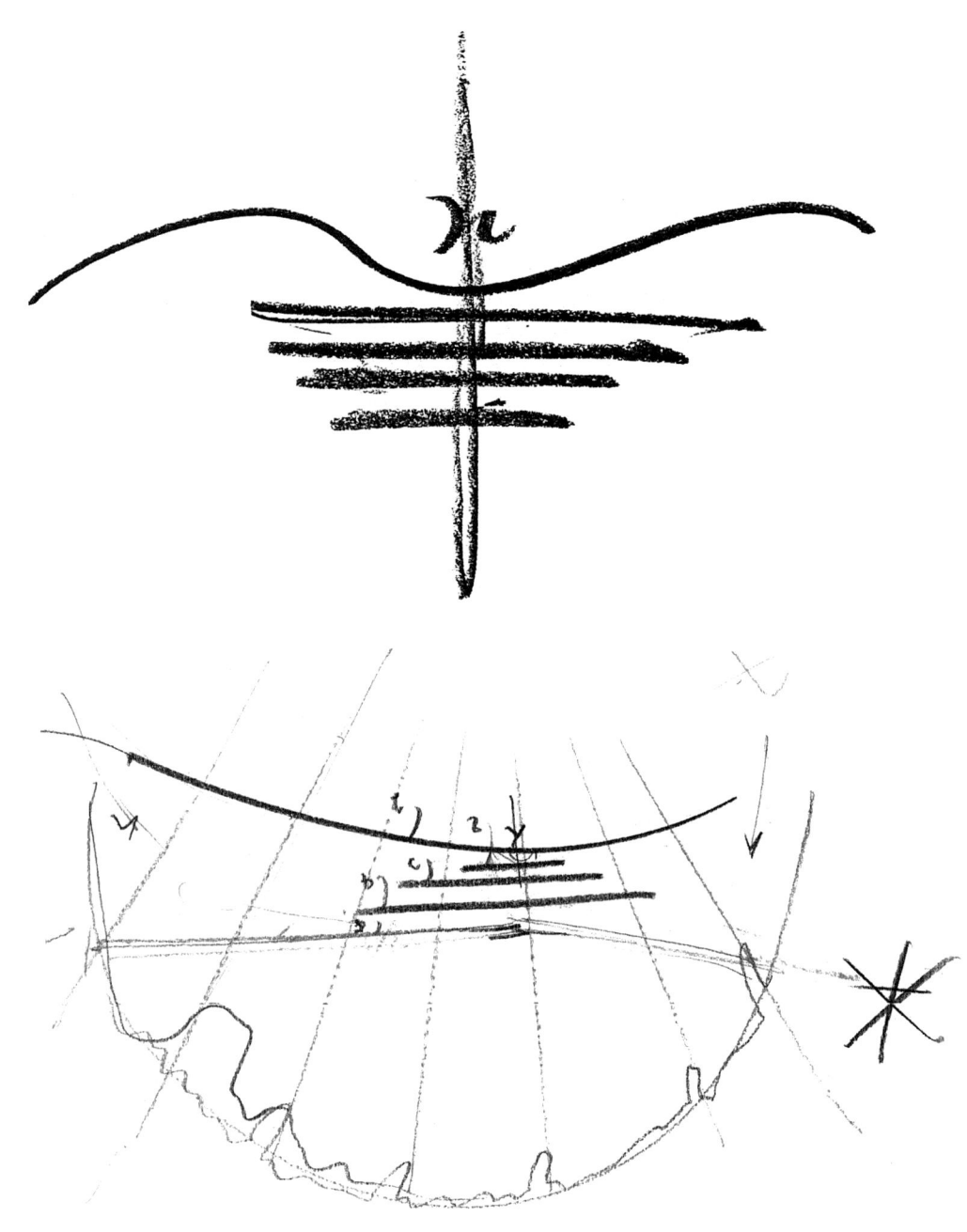

Die Topographie des Geländes an der Baselstrasse prägt
die Form des Museums: frühe Skizze von Renzo Piano, 1992
(unten), und nach Fertigstellung des Projekts, 1998 (oben)

menten gefunden, mit denen Eleganz und auch ein gewisser Luxus erzielt werden konnten.

Renzo Piano sagte dazu treffend: «Die Beyeler-Sammlung verträgt sich gut mit der Ruhe eines Museums für Moderne Kunst. Der durch die Dachkonstruktion eingebrachte Hauch von moderner Technologie, die die Ausbeutung natürlichen Lichts zugunsten der unter ihr beherbergten Kunstobjekte zum Inhalt hat, wird vom Besucher kaum als solche empfunden.»

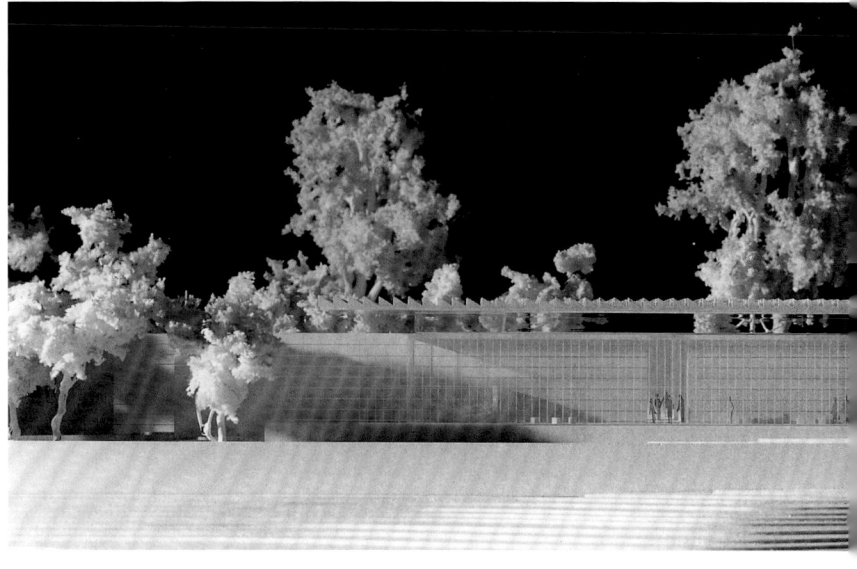

Landschaft und Bauwerk werden von Anfang an als Einheit vorgestellt: Montage von Bernard Plattner und Modell, beide 1992

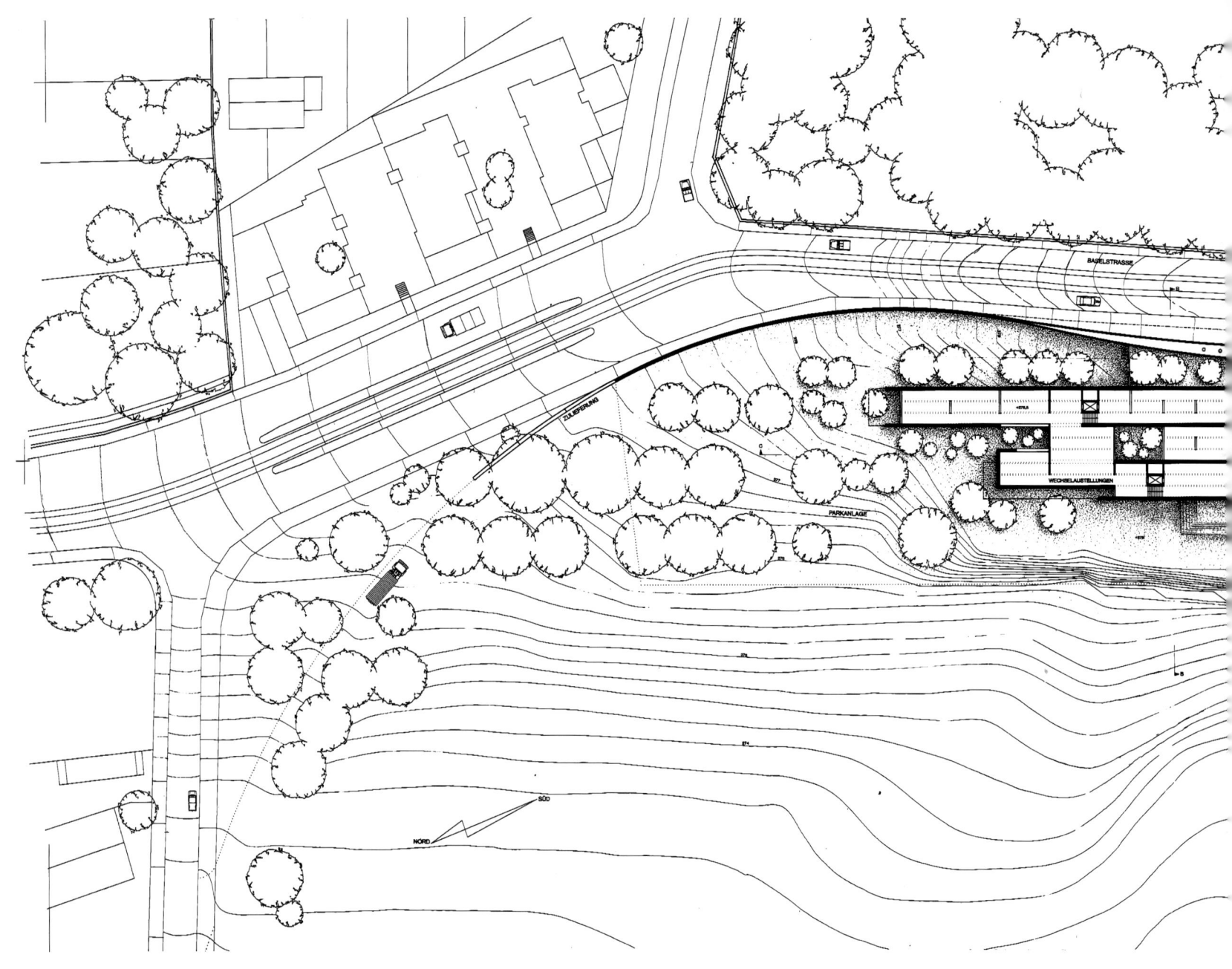

Als langgezogenes Gebilde ähnelt der Baukörper einem im Park verborgenen Glashaus. Der frühe Grundriss der Ausstellungsebene von 1992 enthält noch eingeschlossene Grünzellen.

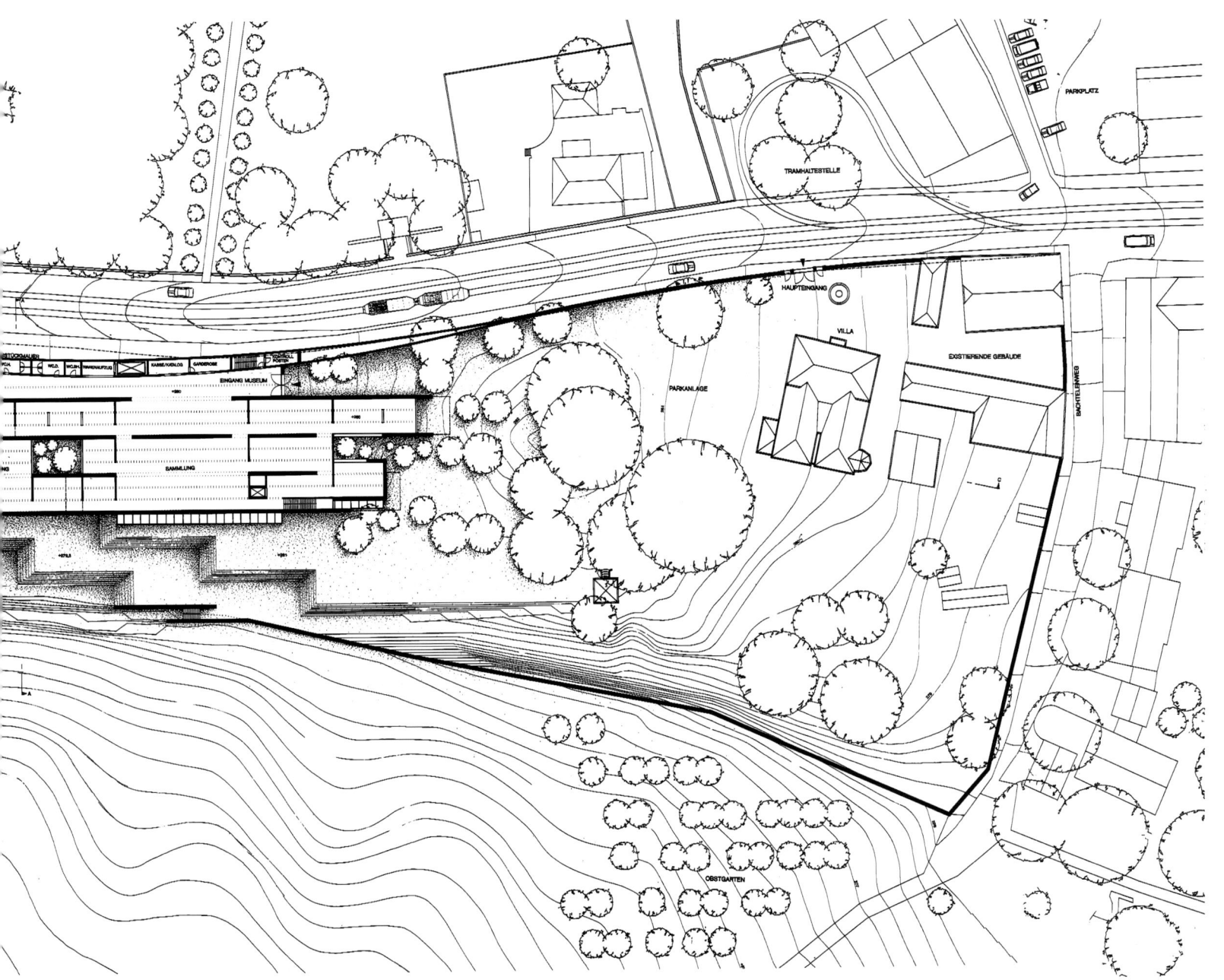

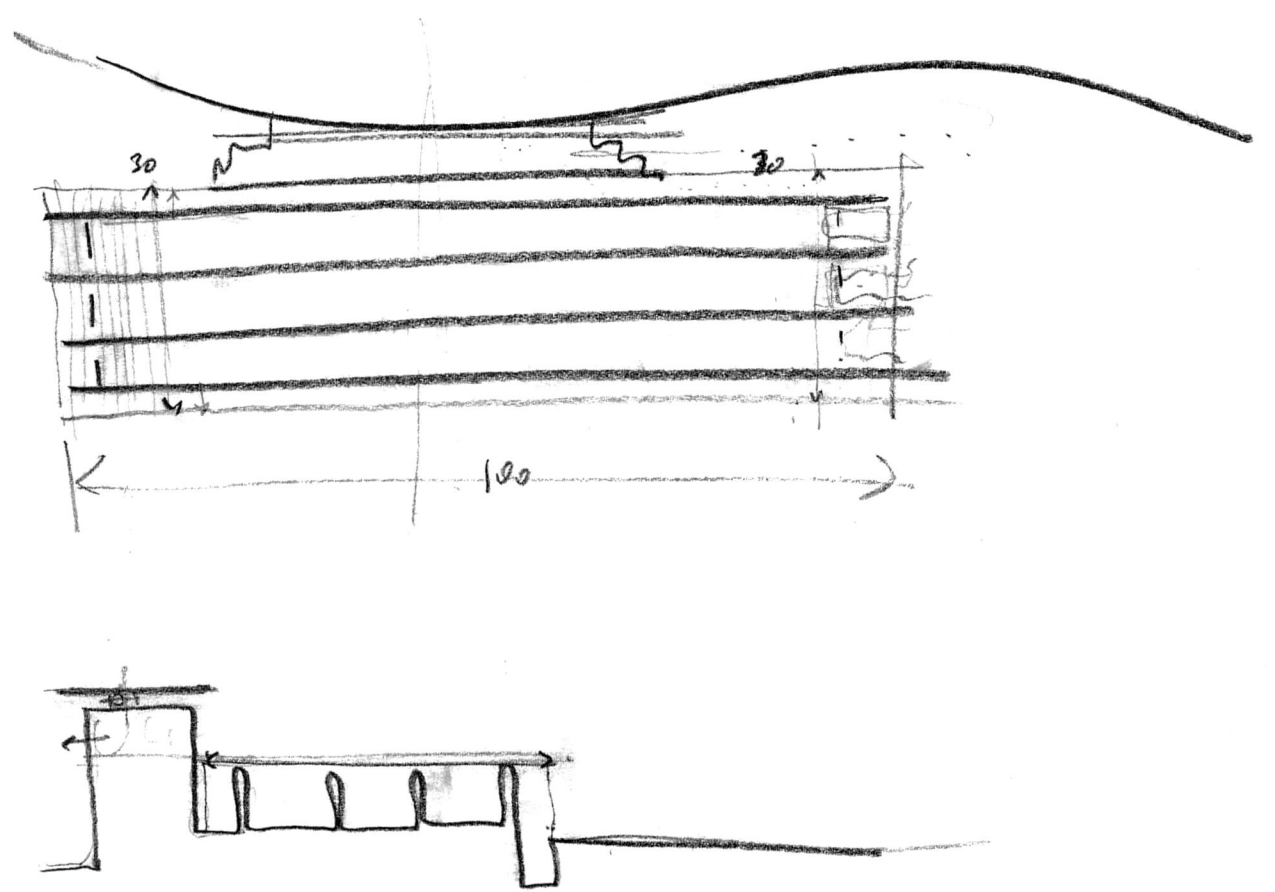

Vier parallele Trag-Mauern konstitutieren die Grundstruktur des Gebäudes: Skizzen von Renzo Piano, 1992

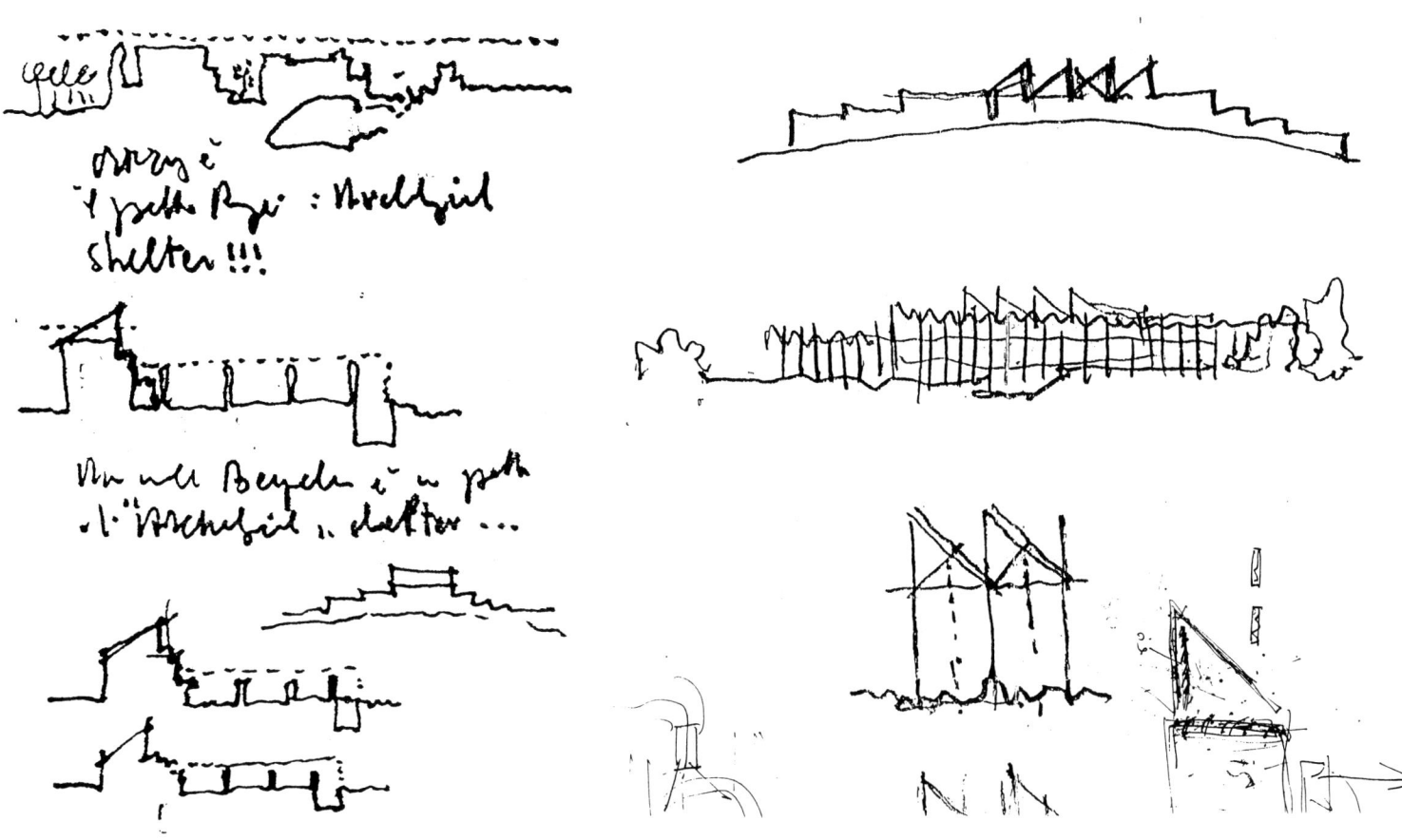

Ein transparentes Glasdach wird wie ein fliegender
Teppich auf die Mauern gelegt und ermöglicht
so die natürliche Belichtung der Museumsräume:
Skizzen von Renzo Piano, 1993

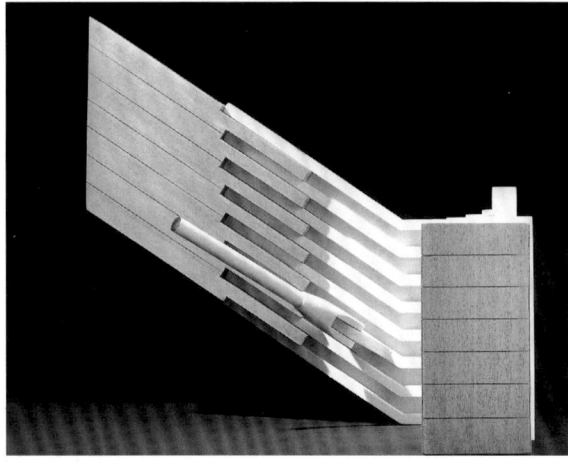

Ein Entwurf wird 1994 am Modell überprüft –
und dann nicht realisiert: Ansicht von Osten, Süden
(links oben, Mitte) und Westen (rechts). Links
unten: Knotenpunkt aus verleimten Sperrholzbakken

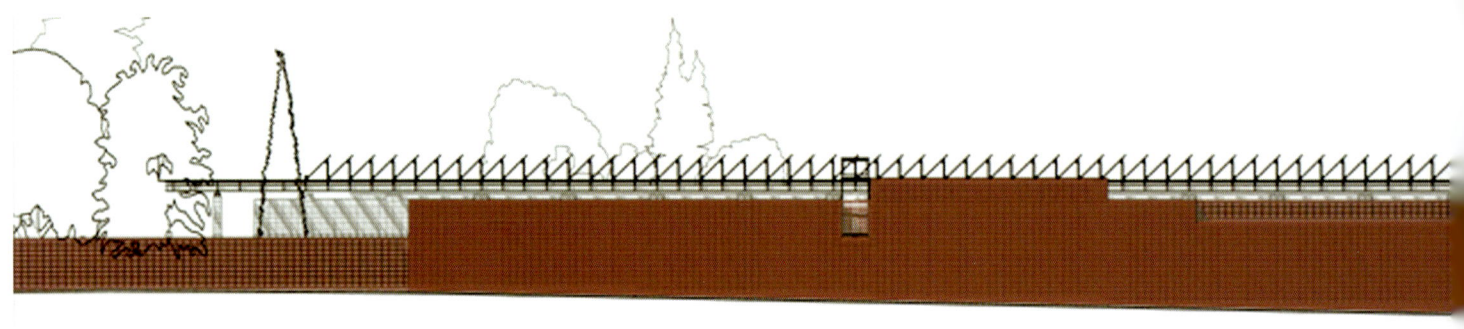
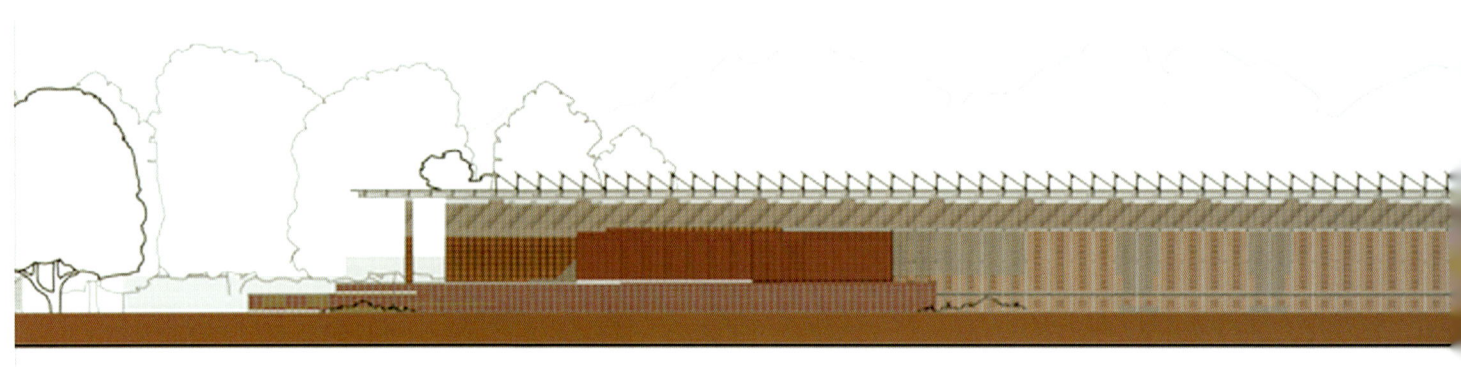

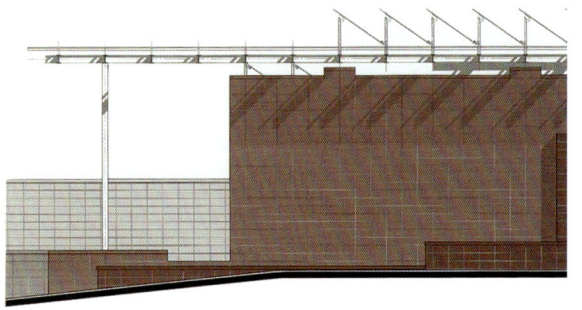

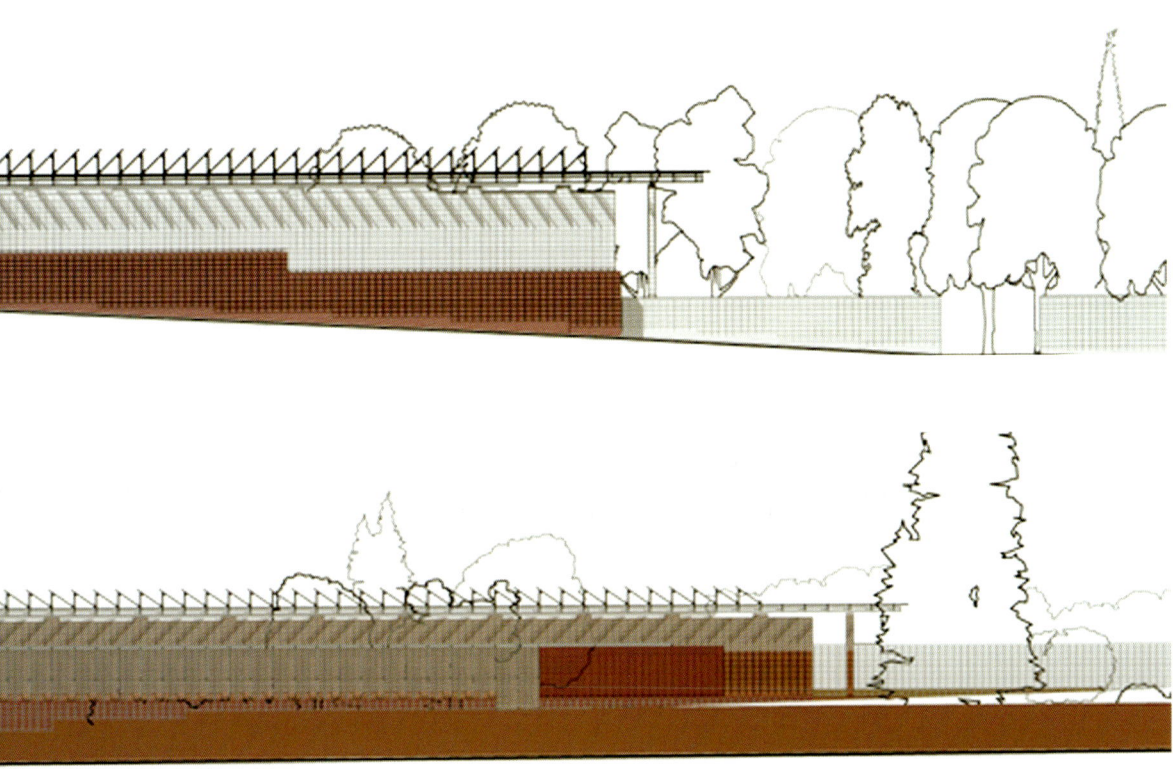

Computergestützte Planzeichnungen dienen als Instrument, um Rhythmen, Proportionen und Materialgebung der definitiven Lösung zu studieren: Ansichten der Ost- und Westfassade nach der Bauerweiterung (September 1999 bis September 2000); links: Fassadenausschnitt im Entwurf, 1996, und nach der Fertigstellung 1997

Lutz Windhöfel **Stille als Konzept**
Ein Gespräch mit Renzo Piano

Renzo Piano, das Museum der Fondation Beyeler ist seit einiger Zeit in Betrieb. Überrascht Sie die Reaktion der Öffentlichkeit – sprich die vielen Besucher?

Nein, nicht wirklich, weil das Museum in Mode ist. Die Entweihung der Museen war in den sechziger und siebziger Jahren notwendig, weil sie eine isolierte Institution zwischen der Kunst und dem Publikum waren. Aber inzwischen hat sich das geändert. Heutzutage sprechen die Leute davon, die Kunst wieder zu entdecken. Sie suchen einen einfachen Zusammenhang zwischen dem Gebäude und der Kunst. Das Publikum interessiert sich für die Beziehung des Museums zur Natur und für die Schwingungen des Lichts. Das ist keine abstrakte Diskussion, wie sie in Architektenkreisen geführt wird. Die Architektur ist den Leuten völlig gleichgültig.

Die Arbeiten am Museum in Riehen (1993–97) fanden fast gleichzeitig mit den Planungen und dem Bau des Flughafens Kansai in Osaka (1988–94) und dem Centre Jean-Marie Tjibaou in Neukaledonien (1990–98), einem weiteren Museum, statt. Welches sind die Gemeinsamkeiten dieser drei Bauwerke? Wo liegen Ihrer Meinung nach die Unterschiede?

Diese Frage berührt das Problem des Stils und des Zusammenfindens. Die Kritik behauptet, dass sich Gebäude von Piano immer unterscheiden. Der Begriff Stil ist mir zu belastend, weil ein Stil einen goldenen Käfig bedeutet. Jedes Gebäude erzählt eine andere Geschichte. Jeder Ort ist anders. Ich bevorzuge das Zusammenfinden – es ist ein genauso grundlegendes Kriterium wie die Leichtigkeit, nicht nur im physikalischen Sinne. Um ein Zusammenfinden zu schaffen, baut man mit einem offenen Zeitbegriff, man gräbt in der Geschichte, in der Geographie, der Topographie sowie in der Erde. Die Annäherung an ein Projekt erfolgt immer auf die gleiche Weise. In Neukaledonien

Ernst Beyeler und Renzo Piano

muss man die Kultur des gesamten pazifischen Raums verstehen und nicht nur die Kultur der Kanaken. Dort denkt man an die Ewigkeit, was ich schätze. Doch die Vorstellung von Ewigkeit in diesem Teil der Welt besteht aus der Wiederholung von Gesten: die zeitweiligen Gesten, die vergänglichen Gesten sind sehr viel wichtiger. – In Riehen gab es schon Mauern und Mauerreste unter der Erde. Die Basis war vorhanden, der «Topos» des Orts war gegeben. Ich habe die Lage so vorgefunden, als ob sie immer schon so gewesen ist und immer so fortbestehen wird. Wenn Sie eine Verbindung zwischen den drei erwähnten Projekten suchen wollen, bestünde diese in der Arbeit am Zusammenfügen der Werkstoffe. Die Hauptmaterialien in Riehen waren der Stein und das Licht. Wir haben viel mit der Körnung der Mauern und der Überlagerung durch die anderen Werkstoffe gearbeitet. Darüber hinaus handelt es sich beim Dach um eine völlig neuartige Bauweise.

Mit dem Centre Pompidou und dem Haus für die Menil Collection verfügen Sie über eine mehr als 25jährige Erfahrung im Museumsbau. Welche Veränderungen können Sie feststellen?

Die Frage, die ich mir heute stelle und die etwas delikat ist, lautet: Wird das Museum von seinem eigenen Erfolg umgebracht? Das ist eine offene Frage. Das Centre Pompidou war kein Raum für die Kunst, sondern ein Ort für die Durchmischung der Kultur. Das Museum bildete nur einen Teil zwischen der Musik, der Lektüre, dem Design usw... Aber nicht nur die Museen haben mich beschäftigt, sondern ebenso die Zusammenarbeit und die Freundschaft mit Künstlern wie Robert Rauschenberg, Cy-Twombly, Jean Tinguely, Roy Lichtenstein und Roberto Matta. Überall habe ich gespürt, dass die wichtigste Veränderung war, dass die Leute die Kunst wiederentdecken wollen, und die Museen in Houston und – nun in Riehen – sind Anzeichen dieser neuen Konzentration auf die visuelle Kunst in unserer Kultur.

Wenn man die Geschichte der Architektur betrachtet, so hat man Ihr Museum in Riehen mit dem Rijksmuseum Kröller-Müller von Henry van de Velde (1936–38) in Otterlo, der Louisiana Kunstgalerie Humblebæk von Jørgen Bo und Vilhelm Wohlert (1958) auf Seeland, dem Guggenheim Museum von Frank Lloyd Wright (1956–59) in New York und der Neuen Nationalgalerie von Ludwig Mies van der Rohe in Berlin (1962–68) verglichen. Was sagen Sie zu dieser Ahnentafel?

Das freut mich natürlich ungemein, weil ich einen sehr grossen Respekt vor den Meistern der Vergangenheit empfinde. Ich liebe es, die Werke, die Sie erwähnt haben, aufzusuchen, aber ich kenne ihre Geschichte zuwenig. Ich bin ein «guter Wilder». Ich kenne das Museum von Mies van der Rohe in Berlin, und ich kann es besser interpretieren, weil wir gerade im Begriff sind, eine Ausstellung über mein Werk in der Neuen Nationalgalerie für das Jahr 2000 vorzubereiten. Das Gebäude ähnelt einem griechischen Tempel. Dieses Motiv ist auch wichtig für das Museum in Riehen. Ich kenne auch Louisiana, man kann heute kein Museum in der Natur errichten, ohne Überlegungen zu diesem Haus in Dänemark anzustellen.

Die Kunstwerke, die sich in der Fondation Beyeler befinden, sind ästhetisch und formal von sehr hoher Qualität. Wie hat dieser Umstand die Architektur beeinflusst? Wie war die Zusammenarbeit mit Herrn Beyeler, den Kunstwerken und dem Raum?

Man fühlt sich immer ein wenig ungeeignet dafür, Kunstwerke zu beurteilen. Doch als ich die Sammlung das erste Mal gesehen habe und ich die Galerie Beyeler besuchte, wurde «Stille» zum Schlüsselwort für das Projekt. Man muss den Kunstwerken Platz lassen. Damals waren es 130 Kunstgegenstände, die wir im Massstab 1:10 farbig nachbildeten. Dank der Topographie des Geländes an der Baselstrasse haben wir schnell die längliche Form des Museums gefunden. Wie in Houston verläuft sie in Nord-Süd-Richtung. Dominique de Menil in Houston und Ernst Beyeler in Riehen waren gleichermassen eigensinnige Bauherren. Aber ihr Eigensinn ist leicht und durchlässig; sie wussten zuzuhören. Und da ich ebenfalls ein eigensinniger Mensch bin, habe ich gelernt, dass diese beiden für mich nicht nur Auftraggeber, sondern auch Lehrmeister waren. In der Zusammenarbeit mit diesen Sammlern habe ich den Vorteil des kreativen Dialogs entdeckt: eine wichtige Qualität.

Von der Strasse aus ist das Museum in Riehen kaum zu sehen, obwohl der umbaute Raum mit einer Fläche von 4000 Quadratmetern beachtlich ist. Weshalb haben Sie die Architektur so von Natur umschlossen? Warum haben Sie nicht ein Haus geschaffen, das sich auf dem Gelände seiner selbst bewusst ist?

Ein Haus ist immer ein wenig das Porträt des Auftraggebers. Und wenn man sagt, das Konzept ist die Stille, handelt es sich nicht um die Proklamation der Bescheidenheit. Wir wollten kein Denkmal. Das Denkmal verschwindet, organisch gesprochen, wie der Schnee in der Sonne. Die Grossartigkeit entschwindet in dem Augenblick, in dem Sie sie verkünden. Diese Nichtproklamation macht die Masse des Hauses, das Licht, die Materialien usw. verständlich. Ich bin in Genua geboren, einer geheimnisvollen und ein wenig introvertierten Stadt: Genua ist die verborgene, Venedig die zur Schau getragene Schönheit. Als ich das Gelände in Riehen sah, habe ich gedacht, dass dieser Platz so schön und die Kunstwerke so tiefgründig sind, dass man dort die Ruhe bewahren muss. Dem ewigen Charakter der Kunstwerke kann nur die Stille standhalten. Das Haus wurde dann genauso wie vorgesehen: beinahe diskret.

Stellen Sie sich einmal vor, das Museum befände sich im Bau und Sie könnten noch etwas daran verändern, was würden Sie tun?

Renzo Piano

(Lacht, überlegt lange.) Ich bin sehr neidisch auf die anderen Künstler. Zum Beispiel auf Italo Calvino. Ein Schriftsteller kann Dinge immer verändern. Manchmal gibt es sechs Neuauflagen eines Buches, und jedes Mal verändert er etwas. Als Architekt ist man hilflos. Jedesmal wenn man ein fertiges Gebäude vor sich hat, würde man gerne etwas verändern. In Riehen war das Dach das grösste Problem, eine gewaltige Herausforderung. Ich glaube, es ist das erste Museum, das nur vom Sonnenlicht erhellt wird. Was die anderen wichtigen Dinge angeht, möchte ich, auch nach gründlicher Überlegung, nichts verändern.

(Das Gespräch wurde am 7. August 1998 in Riehen geführt.)

Nur ein Jahr nach Eröffnung des Museums trat Ernst Beyeler mit dem Wunsch an Sie heran, das neue Museum im Nordteil zu erweitern, um mehr Raum für die Sonderausstellungen zu schaffen. Was war ihre Reaktion und was bedeutete dies architektonisch?

Ich war überhaupt nicht erstaunt über dieses Begehren: Erstens kenne ich Ernst Beyeler gut, und zweitens sind die Sonderausstellungen der aktive Teil in einem Museum und es ist natürlich, die Räumlichkeiten an die Dynamik dieser Abteilung anzupassen. Die Sammlung ist das Gedächtnis und Ausstellungen die Zukunft. Mit der Erweiterung zeigt man, dass das Museum mit der Zukunft wächst. Die Streckung des Gebäudes war also rein funktional begründet. Man hat erkannt, dass man eine Ausstellung nicht so problemlos ins Untergeschoss fortsetzen konnte und dass es möglich sein muss, das Erdgeschoss und Untergeschoss getrennt zu bespielen. Dafür braucht es aber für jeden Teil mehr Raum.
Architektonisch gab es keine Probleme, weil das Gebäude selbst linear ausgerichtet ist und schon lang genug war, so dass die Erweiterung wie ein Modul einfach angefügt werden konnte. Der Geist des Gebäudes wurde nicht verändert. Auch das Dach, dieser «fliegende Teppich», konnte ohne ästhetische Einbussen um 12 Meter verlängert werden.

Wenn man die rhythmische Struktur der langen Westfassade studiert, hat man tatsächlich den Eindruck, dass Sie in der ursprünglichen Gestaltung schon die Möglichkeit einer Erweiterung einbezogen haben.

Ja, vollkommen richtig.

Könnte man, sagen wir in zwei Jahren, nochmals ein Stück ansetzen?

Ja, das würde architektonisch nicht viel ändern.

Was sich aber beim Anbau änderte, ist doch die Umgebung?

Die visuelle Verbindung zwischen Gebäude und Park in diesem Teil musste tatsächlich überarbeitet werden. Entscheidend war, dass die nördliche Umgebungsmauer nun verschwunden ist, so dass der Park mit der Landschaft verschmelzen kann.

Im Zuge einer grossen Renovation mussten Sie sich nochmals mit dem Centre Georges Pompidou in Paris beschäftigen. Gab es Elemente, die sie nach den Erfahrungen mit Museumsbauten, die nach 1975 entstanden sind, also etwa der Fondation Beyeler, im neuen Pompidou berücksichtigen konnten?

Ja, natürlich, wobei an den Ausstellungsräumen in Paris nicht viel geändert wurde. Man wächst mit der Arbeit: Als die ersten Entwürfe für das Beaubourg entstanden, war ich 34 und Richard Rogers 36 Jahre alt, wir waren young boys, und wir waren noch nicht so vertraut mit Kunst. Das war ein Beginn, und in der Zwischenzeit sind viele Museumsbauten entstanden. Ich habe viel gelernt, so dass meine Kompetenz heute enorm von den Erfahrungen mit dem Menil- und Riehener Projekt beeinflusst wurde. Die Fondation Beyeler war ein sehr gutes Training – mit der Person von Ernst Beyeler, mit der hohen Qualität der Kunst. Natürlich hat sich da viel geändert, wenn man nach 25 Jahren wieder auf das Centre-Projekt zurückschaut.

(Dieser zweite Teil des Gesprächs wurde am 5. Mai 2000, am Tag der Fertigstellung des Obergeschosses des Erweiterungsbaues, von Markus Brüderlin geführt.)

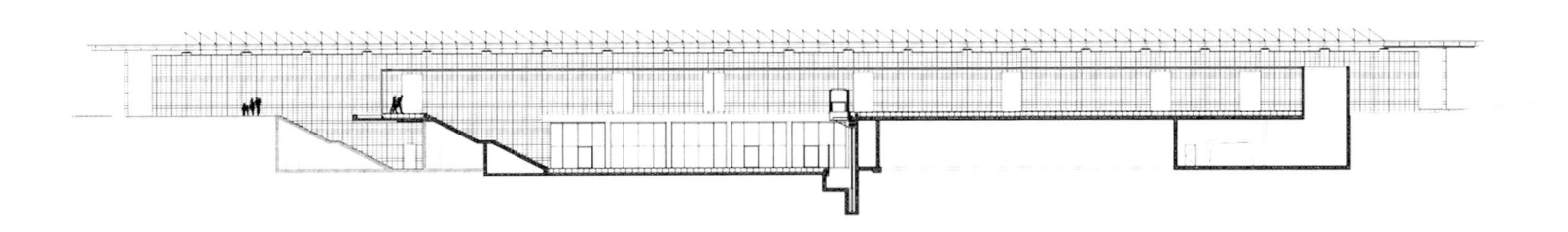

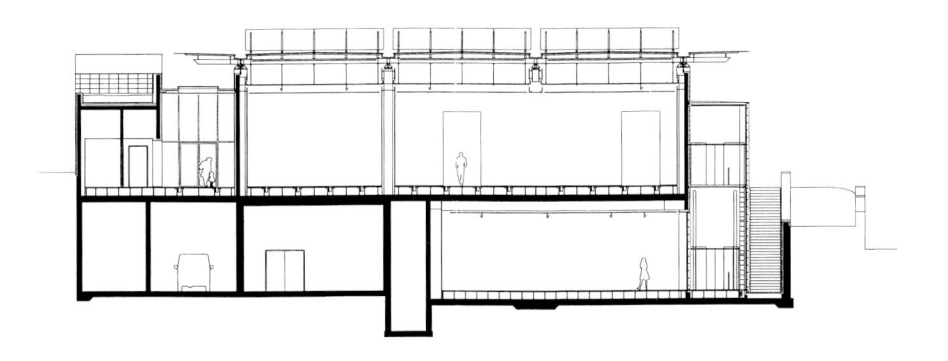

Schnitt durch den Berower-Park mit Museum,
Weiher und Villa. Die Linie über dem Weiher gibt
den ursprünglichen Geländeverlauf an (oben)

Westfassade mit Wintergarten, links: Treppenabgang
zu den Ausstellungsräumen im Untergeschoss (Mitte)

Schnitt (Ost-West)

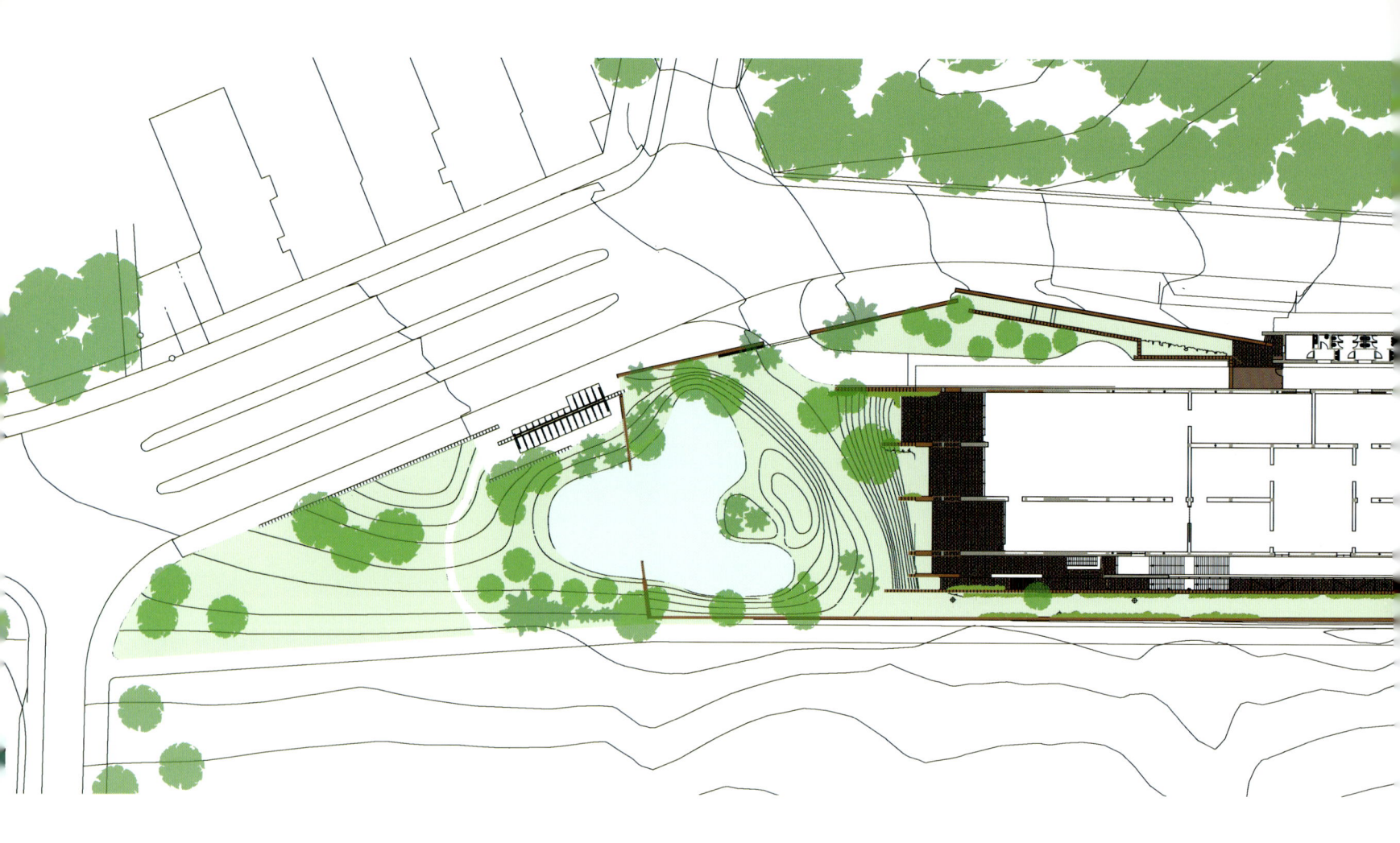

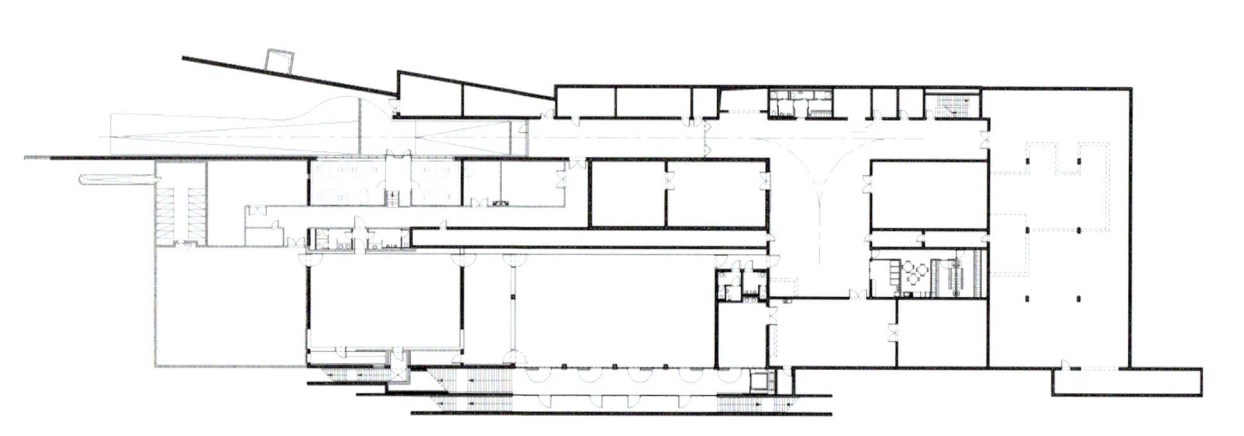

Grundriss Untergeschoss

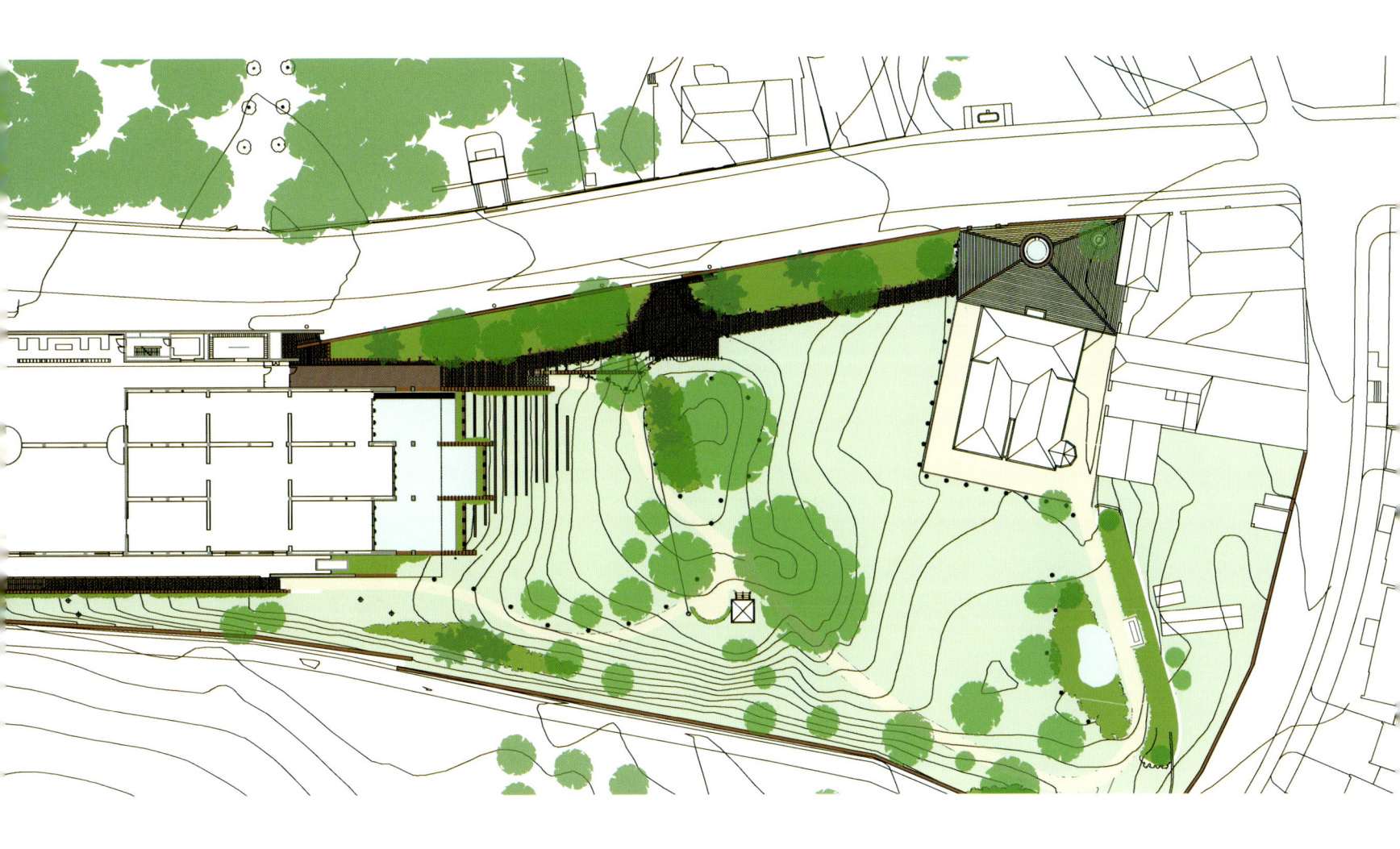

Berower-Park mit Museumsgebäude, der alten Villa (Restaurant und Verwaltung, rechts) und dem ehemaligen Ökonomiegebäude (Kunstraum Riehen, ganz rechts); oben die Baselstrasse. Museumsbau: Serviceräume (oben), Eingang (oben rechts), Foyer (Mitte), Galerieräume, Wintergarten (unten)

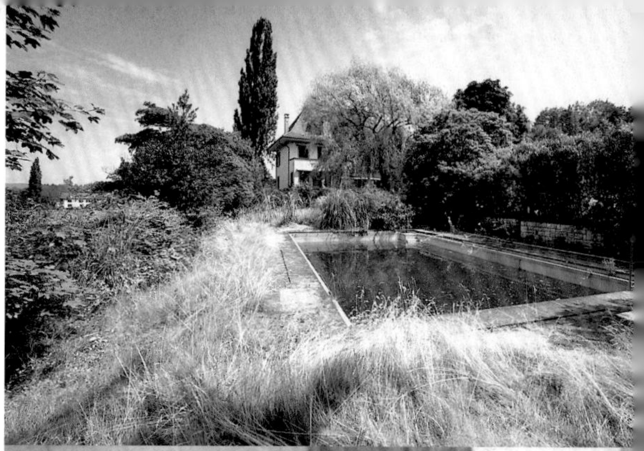

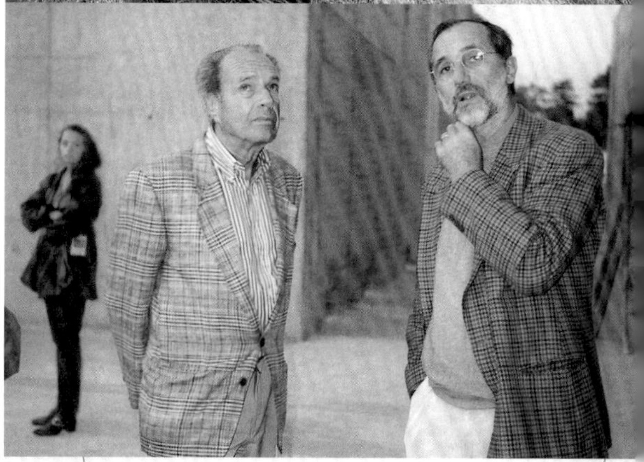

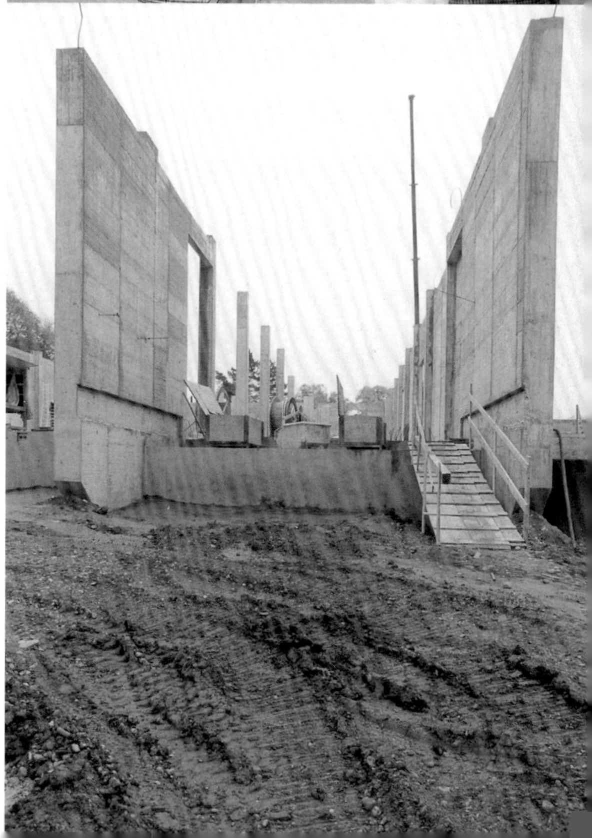

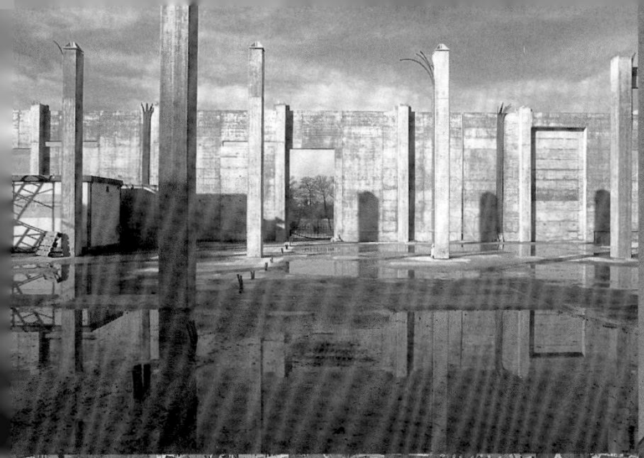
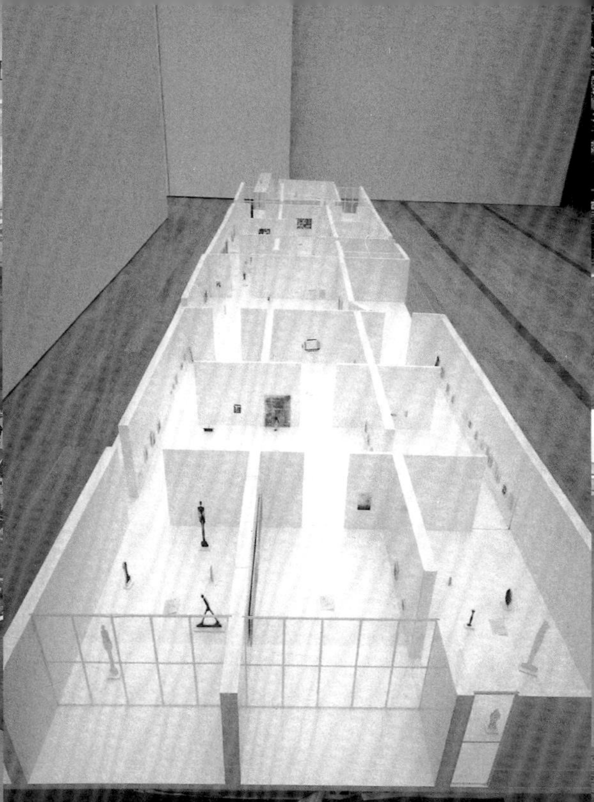
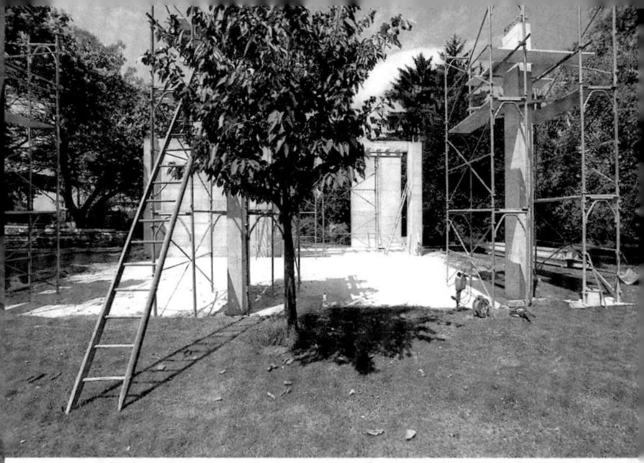
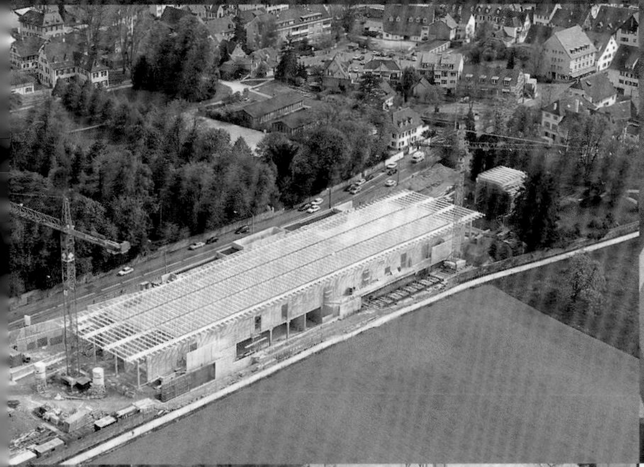
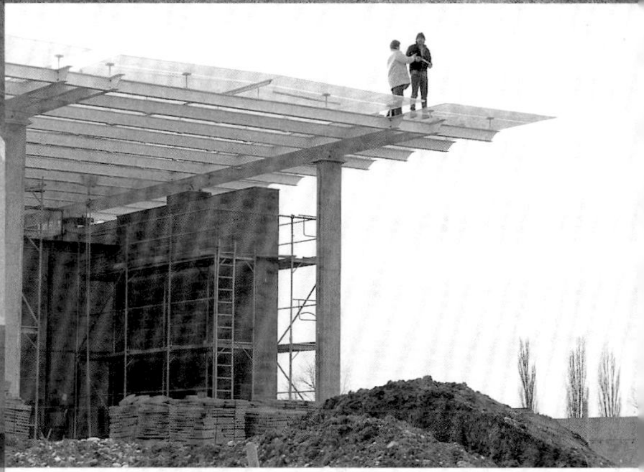
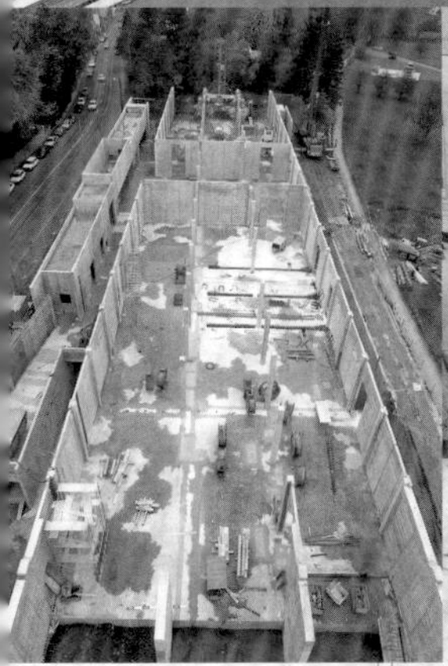
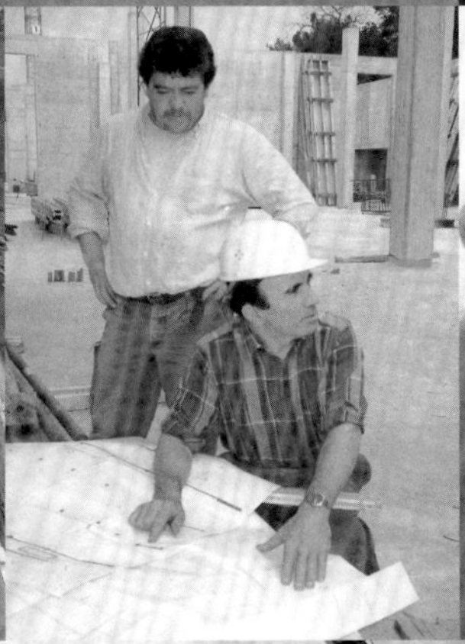
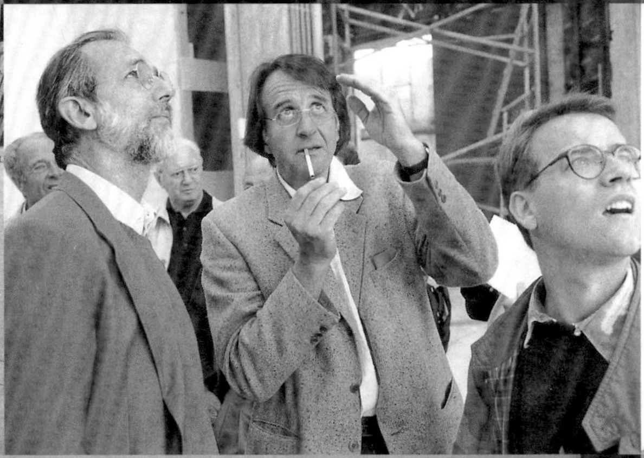
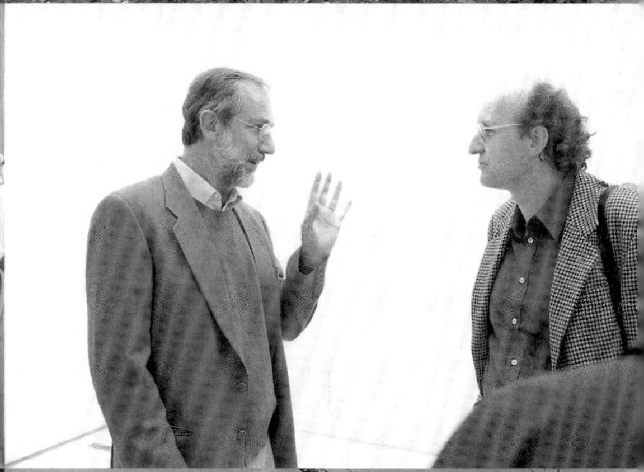
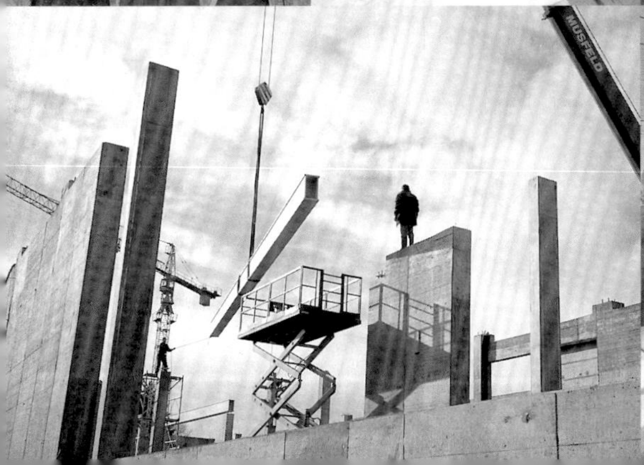
MUSFELD
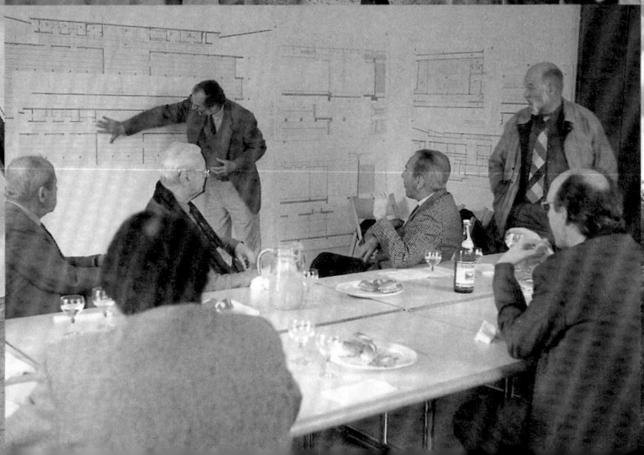
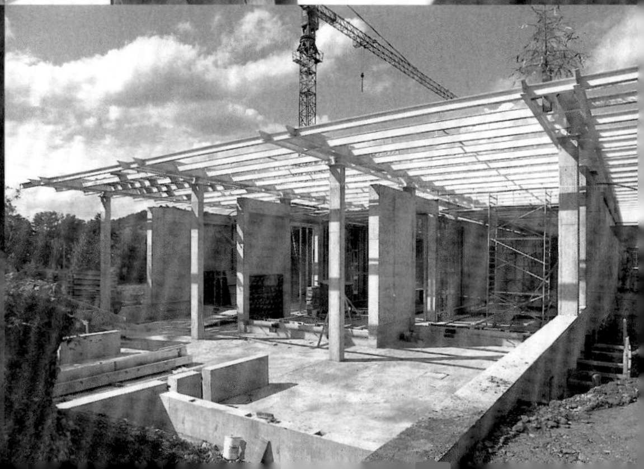

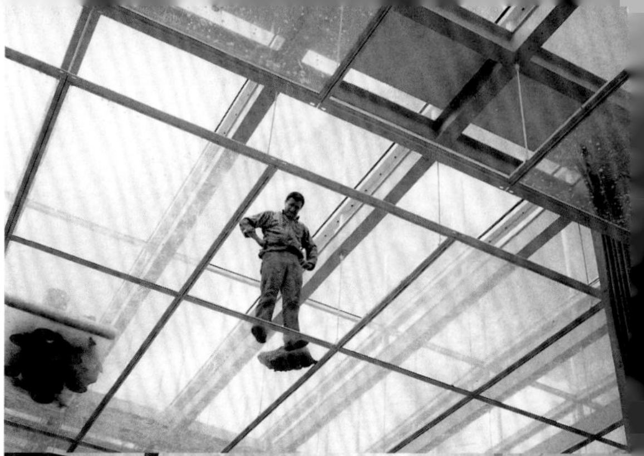

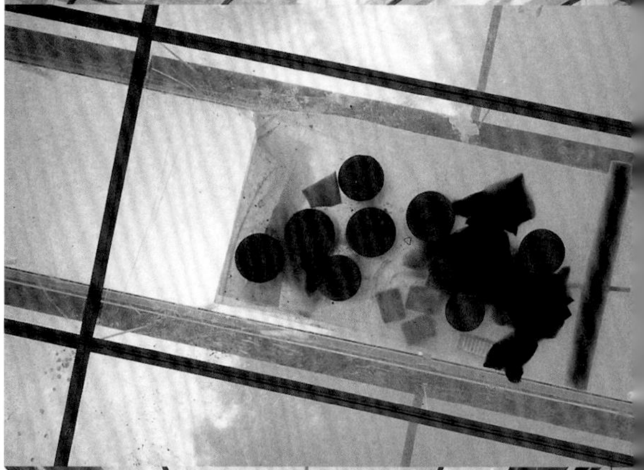

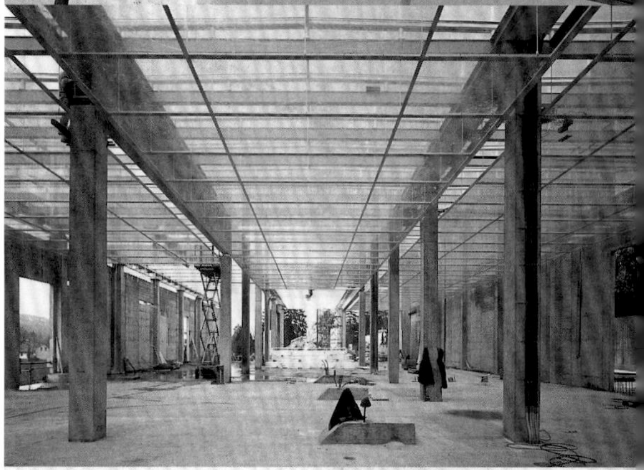

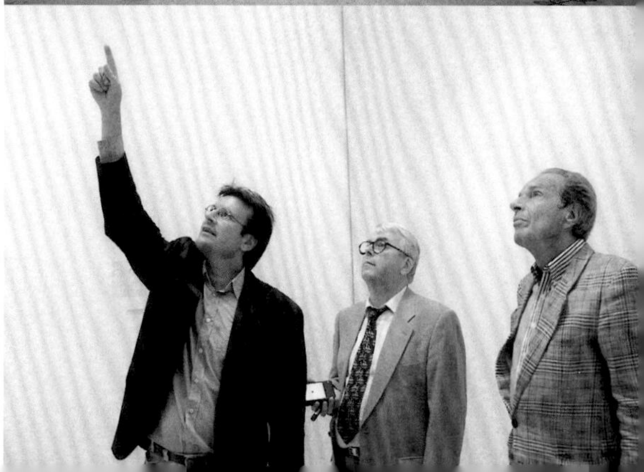

Aufrichte
Fondation
Beyeler

42

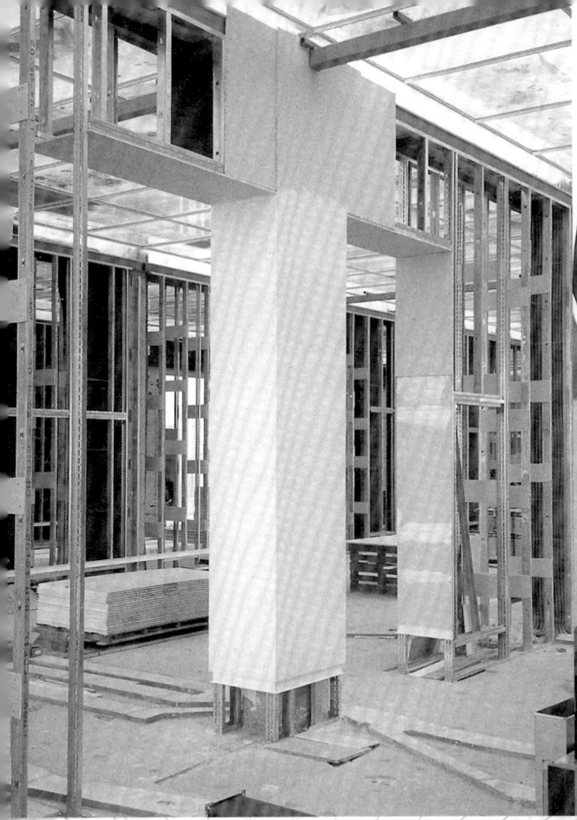
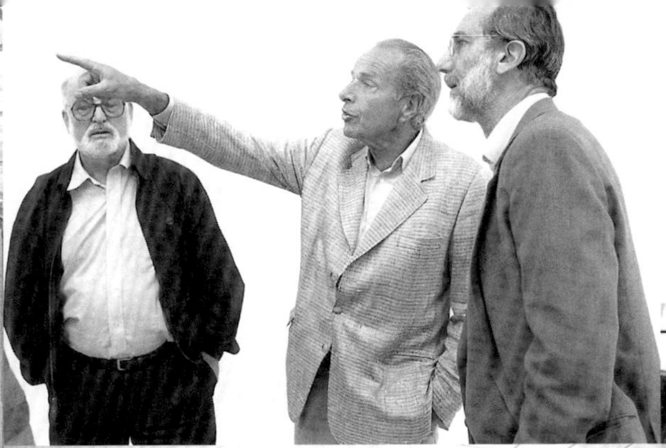
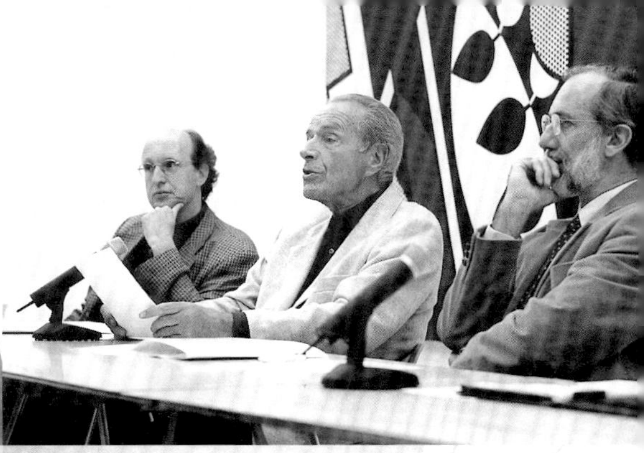
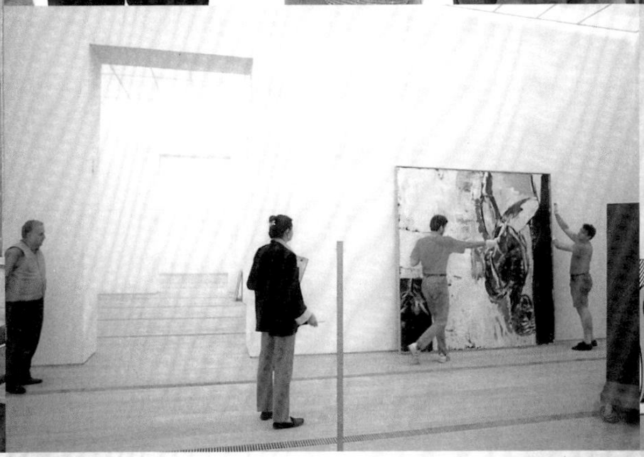
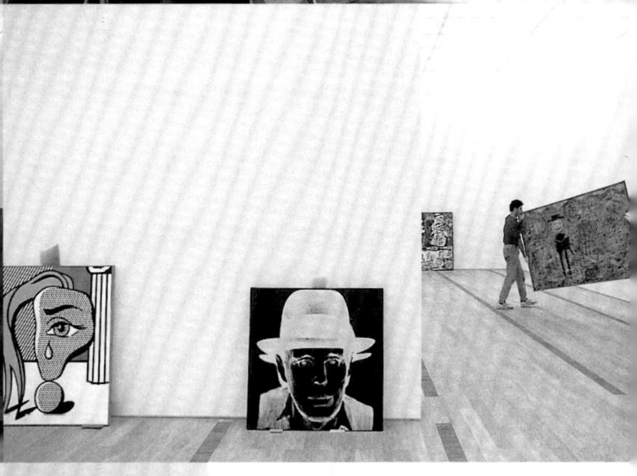
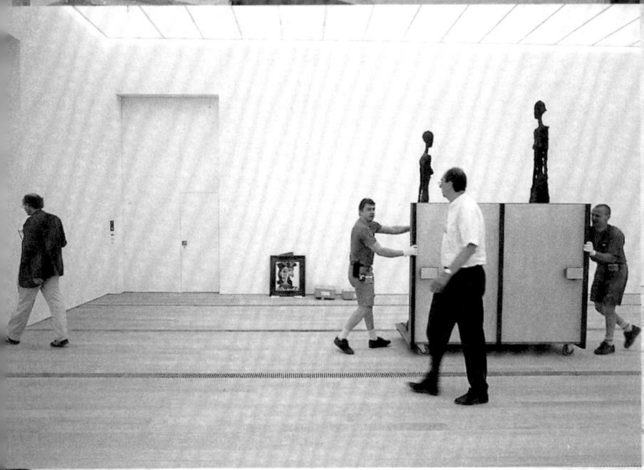
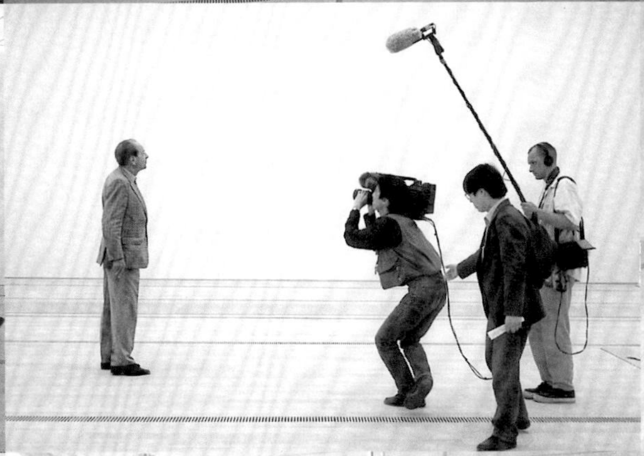
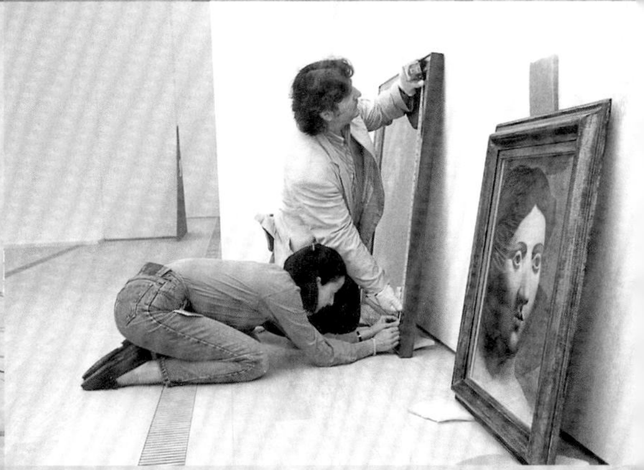
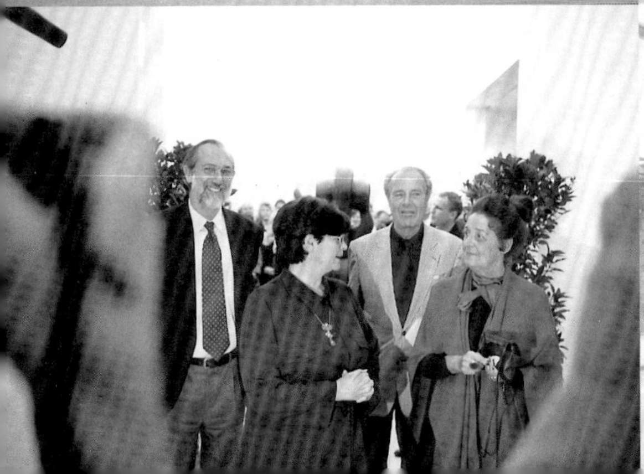
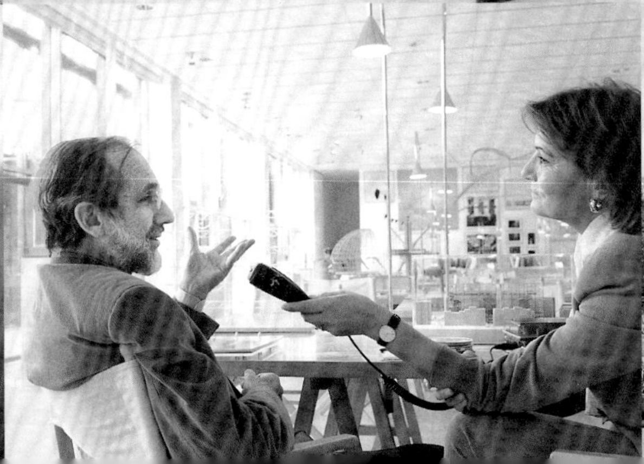
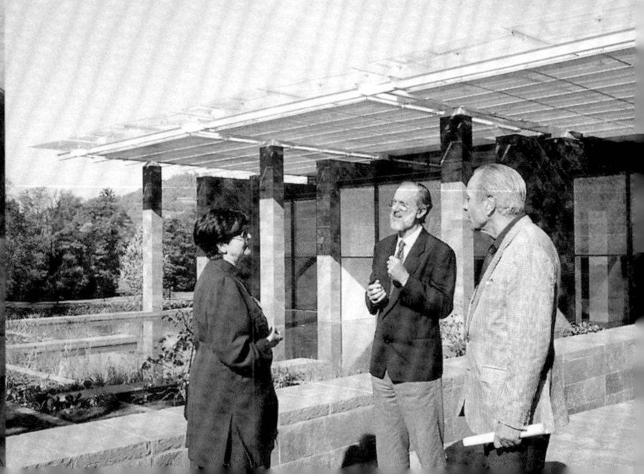

44

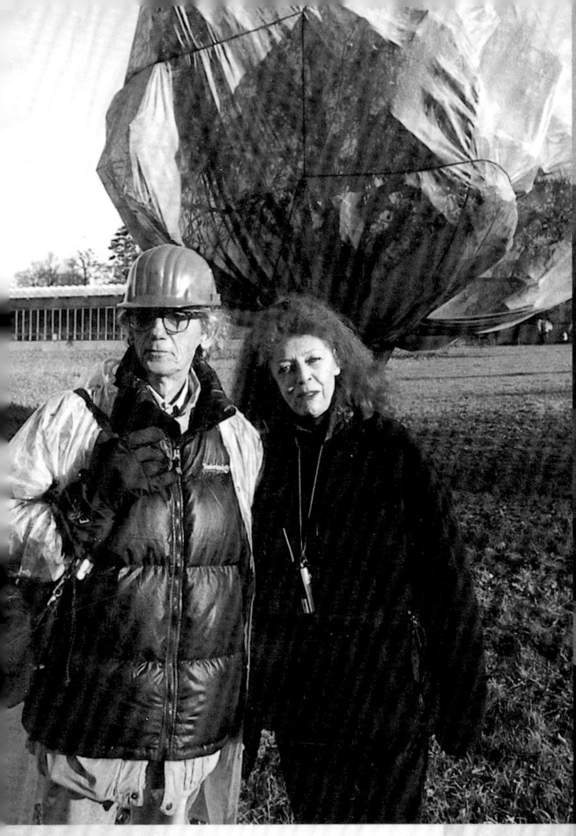

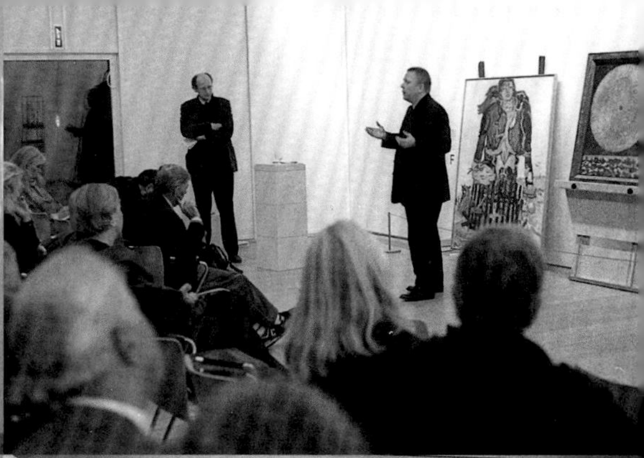
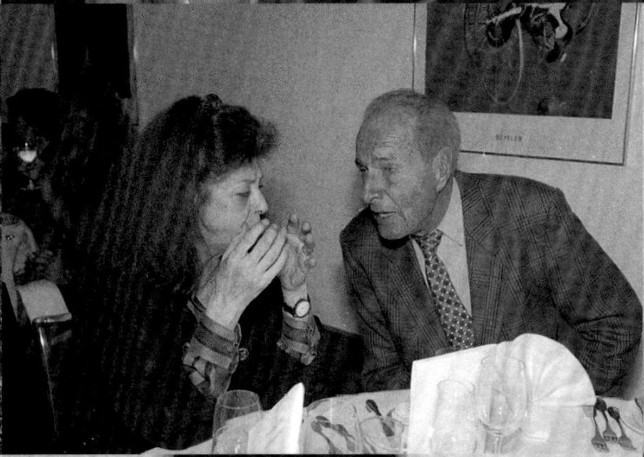
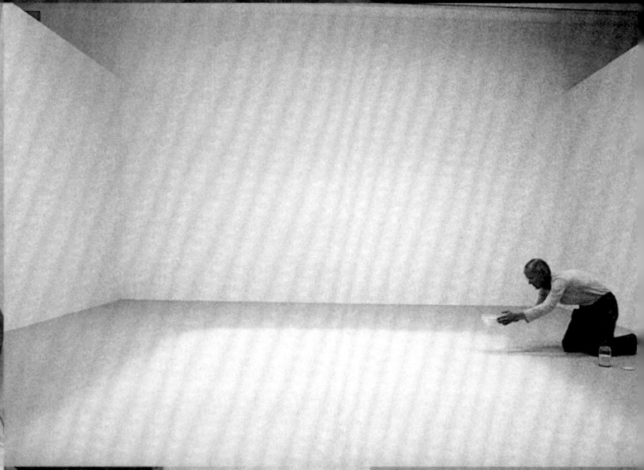
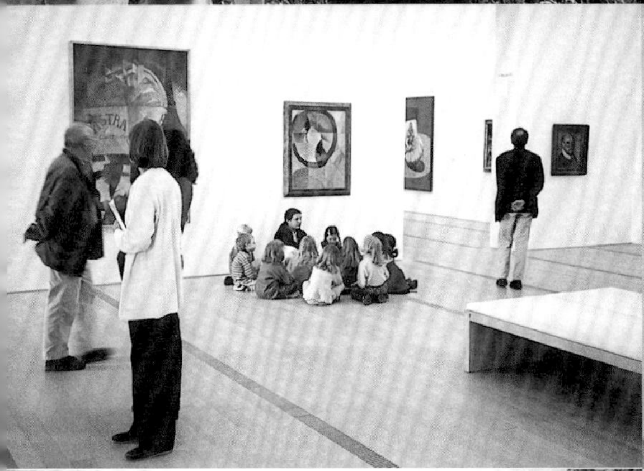
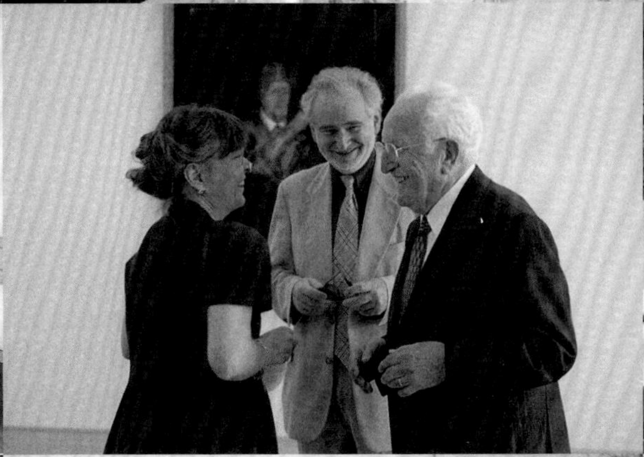
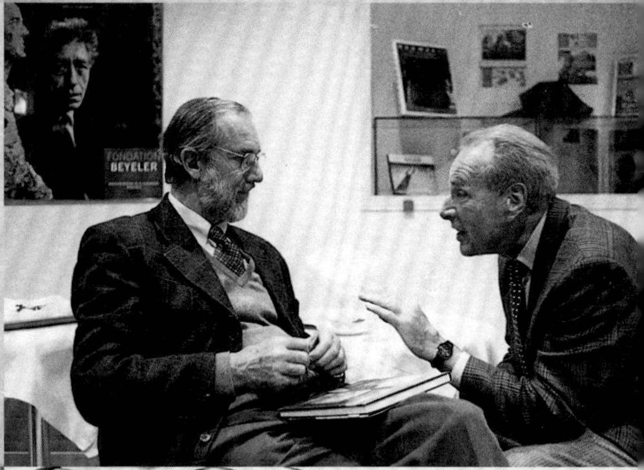
FONDATION
BEYELER
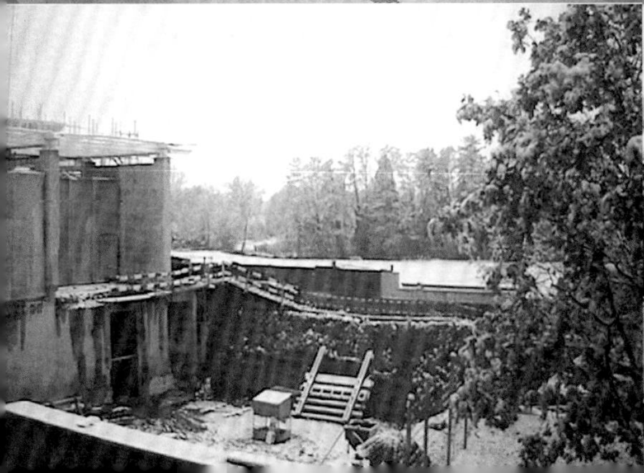
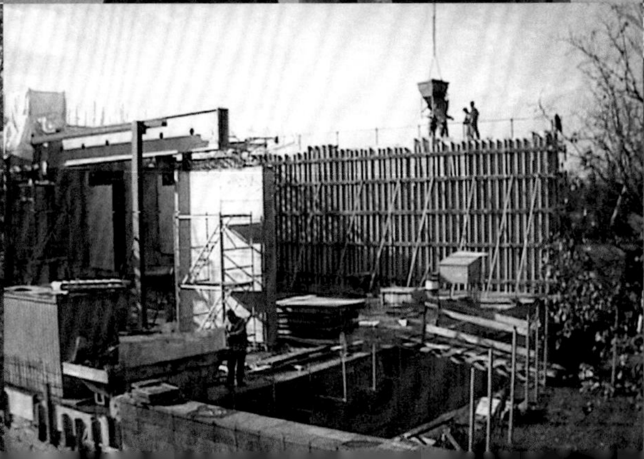
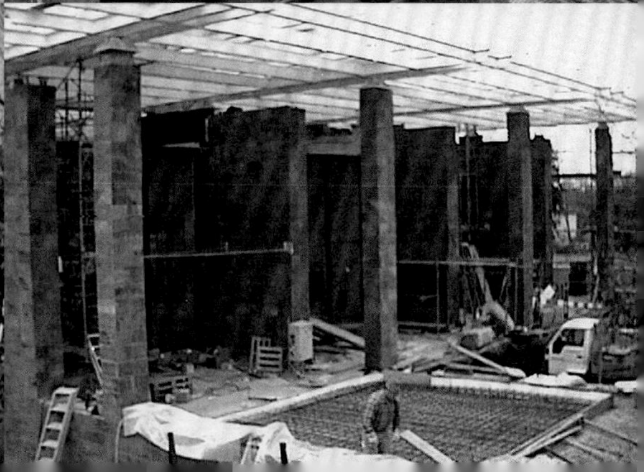

Andrea Compagno

Einfachheit und Komplexität
Zur Konstruktion und Gebäudetechnik

Das Entwurfskonzept des Museumsbaus ist klar und einfach: vier lange Mauern laufen in Nord-Süd-Richtung parallel zur Umfriedungsmauer entlang der Baselstrasse. Darüber liegt ein formal an ein Sheddach erinnerndes Glasdach, das weit über die Mauern auskragt und wie zu schweben scheint.

Die inzwischen 127 m langen Mauern definieren die Nord-Süd-gerichteten, gradlinigen Ausstellungsräume, die durch quergestellte Wände unterteilt und durch annähernd mauerhohe Durchgänge miteinander verbunden sind. Der Zugang zum Haupteingang an der Baselstrasse wird von der letzten östlichen Mauer und der Grundstücksmauer gebildet. An den Schmalseiten nach Norden und Süden schliessen raumhohe Verglasungen die Ausstellungsräume ab. An der Westseite liegt eine lange, verglaste Galerie. Wo sie durch eine Treppe und einen Aufzug mit dem Untergeschoss verbunden ist, ist sie zweigeschossig. Im Untergeschoss befinden sich die Nebenräume und ein grosser Saal für Vorträge oder Sonderausstellungen.

Für die Verkleidung der massig wirkenden Mauern wählten die Architekten einen Porphyr aus Patagonien. Das dunkelrote Material gleicht dem Sandstein der Basler Kathedrale und soll damit den Standort unterstreichen, ist aber im Vergleich zum einheimischen Material wesentlich widerstandsfähiger.

Die 70 cm breiten und 4,8 m hohen Mauern sind nur in den aussenliegenden Bereichen als steinverkleidete Stahlbeton-Scheiben ausgeführt. Im Museumsinneren sind sie auf eingespannte Stahlbeton-Stützen reduziert, die in Leichtbauweise mit Gipskartonwänden verkleidet sind. Damit entsteht ein Hohlraum zwischen den Wandverkleidungen, worin die Haustechnik Platz findet.

Auf den Schmalseiten nach Norden und Süden sind die Ausstellungsräume mit raumhohen Verglasungen geschlossen. Die 6,8 m breiten und 5 m hohen Fassaden-

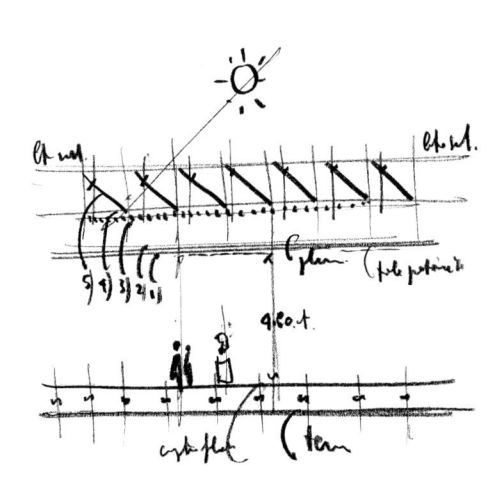

Skizze von Renzo Piano, 1993

Die Verglasung der
Galerie auf der Westseite

elemente sind eine Pfosten-Riegel-Konstruktion mit jeweils acht festverglasten Feldern. Raumseitig besteht sie aus vertikalen und horizontalen Flachstahlprofilen von 50 mm Breite, an welche einbruchsichere Isoliergläser mit Deckschalen von innen befestigt sind.

Die tragenden Stahlpfosten sind aussen angeordnet und 46 mm breit und 120 mm tief. Um leicht zu wirken, sind sie aus drei Flachstahlprofilen zusammengesetzt, die in der Mitte eine Schattenfuge bilden. Alle aussenliegenden Fassadenprofile sind mit einer Anthrazit-Glimmerfarbe beschichtet. Für den Sonnenschutz sind Rollstoren aus einem hellen Gitterstoff zwischen den vorspringenden Stahlpfosten montiert.

Die Fassade der Westseite entspricht dem gleichen Konstruktionsprinzip, aber die verglasten Felder sind hier geschosshoch und im Bereich des Vortragssaals doppelgeschossig.

Das Glasdach

Das Glasdach sorgt für eine gleichmässige, natürliche Beleuchtung der Kunstwerke und bietet Schutz vor Feuchtigkeit und Temperaturschwankungen.

Die Tragstruktur des Daches besteht aus einem 250 mm hohen Trägerrost aus Stahlprofilen, der auf punktuellen Auflagern dem Raster des Grundrisses entsprechend aufliegt. Oberhalb der Mauer laufen jeweils zwei geschweisste Stahlträger parallel entlang dem ganzen Gebäude. Quer dazu sind geschweisste Kastenträger im Abstand von 1,5 m eingesattelt und eingeschweisst.

Bei den doppelbreiten Ausstellungssälen liegt der Trägerrost auf längsangeordneten Abfangträgern aus geschweissten Stahlprofilen. Der gesamte Trägerrost ist mit Grundanstrich, Brandschutzanstrich F30 und einem weissen Deckanstrich behandelt.

Auf dem Trägerrost liegt die Dachverglasung, welche die wärmedämmende und wasserdichte Ebene bildet. Sie

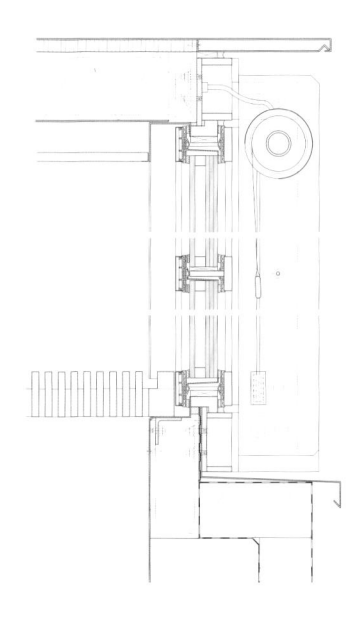

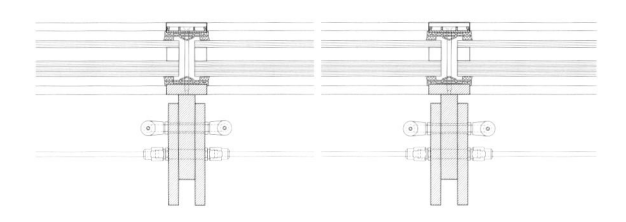

In den aussenliegenden Bereichen sind die Mauern steinverkleidete Stahlbetonwände.

Vertikaler und horizontaler Detailschnitt durch die Fassadenkonstruktion

Der Trägerrost wird mit flach geneigten Satteldächern verglast.

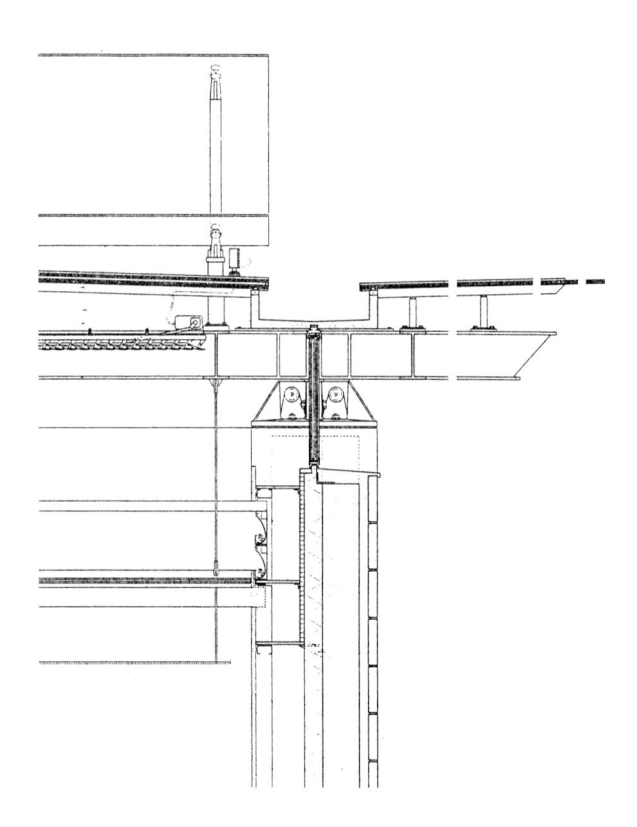

Vertikaler Detailschnitt durch die Dachkonstruktion
mit auskragendem Vordach und Maueranschluss

besteht aus drei flachgeneigten Satteldächern, welche zwischen Wasserrinnen oberhalb der Mauerschotten gespannt sind. Die Wasserrinnen sind wie die Mauerscheiben 70 cm breit und verlaufen entlang dem ganzen Gebäude. Sie bestehen aus einer wärmegedämmten Konstruktion aus Stahlblechen und sind in regelmässigen Abständen mit Wasserabläufen versehen. Die 140 x 130 mm grossen Sprossen des Satteldaches sind thermisch getrennte, weiss einbrennlackierte Aluminiumprofile. Sie sind punktuell auf dem darunterliegenden Trägerrost mit Sprossenauflagern befestigt. Für die Dachverglasung sind 2-fach Isoliergläser mit Verbundsicherheitsglas eingesetzt, die aus extraweissem Glas bestehen.

Tageslicht für die Ausstellungsräume

Über der Dachverglasung liegt eine shedähnliche Konstruktion aus schräggestellten Glasscheiben und vertikalen Stützenelementen. Die 12 mm starken Glasscheiben sind auf der Rückseite vollflächig weiss emailliert, um die direkte Sonneneinstrahlung bis auf 30% zu reduzieren. Sie sind durch Punkthalterungen aus Edelstahl an Stahlgussteilen befestigt, die am Fuss und an der Spitze der vertikalen Stützenelemente aus Stahlrohr von 60 mm Durchmesser angebracht sind. Die Stützenelemente und die Gussteile sind weiss einbrennlackiert. Diese Shedkonstruktion bildet die oberste, aussenliegende Sonnenschutzmassnahme: Sie schützt gegen die direkte Sonnenstrahlung, lässt aber das diffuse Nordlicht in die Ausstellungsräume eintreten.

Einen Meter unterhalb des Trägerrostes ist eine horizontale Verglasung abgehängt. Sie schliesst einen Luftraum ab, der im Winter wie im Sommer einen Wärmepuffer zwischen der fast konstanten Temperatur im Innenraum und dem wechselhaften Aussenklima bildet. In diesem Luftraum befinden sich Beleuchtungskörper für die

Schräggestellte, weiss emaillierte Glasscheiben bilden die oberste, aussenliegende Sonnenschutzmassnahme.

Detail der vertikalen Stützenelemente mit Stahlgussteilen für die Punkthalterung aus Edelstahl (rechts)

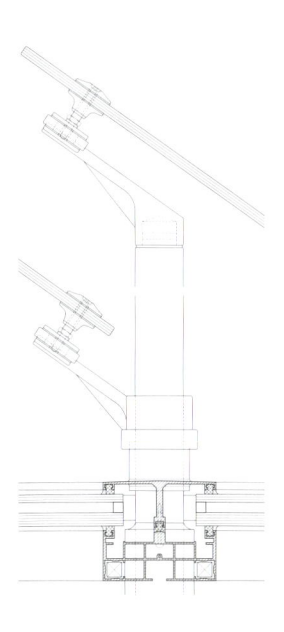

Der begehbare Luftraum im Dachbereich mit Grundbeleuchtung und beweglichen Lamellen

Das «Velum» ist eine abgehängte, transluzide Decke; sie bildet die unterste Dachschicht.

Der Trägerrost aus geschweissten Stahlprofilen bildet ein auskragendes Vordach. Das Verbundglas ist mit einem rechteckigen, weissemailbedruckten Muster versehen.

Grundbeleuchtung und sensorgesteuerte, bewegliche Lamellen zur feineren Steuerung des natürlichen Lichteinfalls. Die Verglasung besteht aus einer Konstruktion mit weissen Stahlrahmen und Verbundglasscheiben; sie ist für Wartungs- und Reinigungsarbeiten begehbar.

Die unterste Schicht dieses Daches ist eine transluzide Decke, das «Velum», das 50 cm unterhalb der horizontalen Verglasung abgehängt ist. In diesem Zwischenraum sind die Beleuchtungskörper für die Zonenbeleuchtung untergebracht. Das «Velum» besteht aus abgekanteten, weiss einbrennlackierten Lochblechen mit einem rechteckigen Muster, die für eine gleichmässige Lichtstreuung mit einem weissen Vlies bespannt sind. Das «Velum» bildet die unterste Massnahme zur Steuerung des Tageslichteinfalls.

Vordächer für den Sonnenschutz

Auf der Nord- und Südseite wurde das Glasdach ohne Shedkonstruktion über die Ausstellungsräume hinaus weitergeführt, womit zwei sonnengeschützte Zonen entstehen. Für die Dachverglasung sind Verbundglasscheiben mit einem rechteckigen, weiss emailbedruckten Muster eingesetzt. Wie bei den Ausstellungsräumen sind auch hier abgekantete, weiss einbrennlackierte Lochbleche mit einem rechteckigen Muster unterhalb des Trägerrosts angebracht. Die emailbedruckten Scheiben, die abgehängte Decke sowie aussenliegenden Rollstoren sorgen für den Sonnen- und Blendschutz an der vertikalen Verglasung der Ausstellungsräume.

Auf der Ost- und Westseite dehnt sich das Dach über die seitlichen Mauerschotten hinaus und bildet ein 3,1 m tiefes gläsernes Vordach, das wie eine Pergola wirkt. Als tragende Konstruktion dienen auskragende, abgeschrägte Träger aus geschweissten Stahlprofilen, die im Abstand von 1,5 m, mit Einlagen für die thermische Trennung, an den entsprechenden Querträgern des Trä-

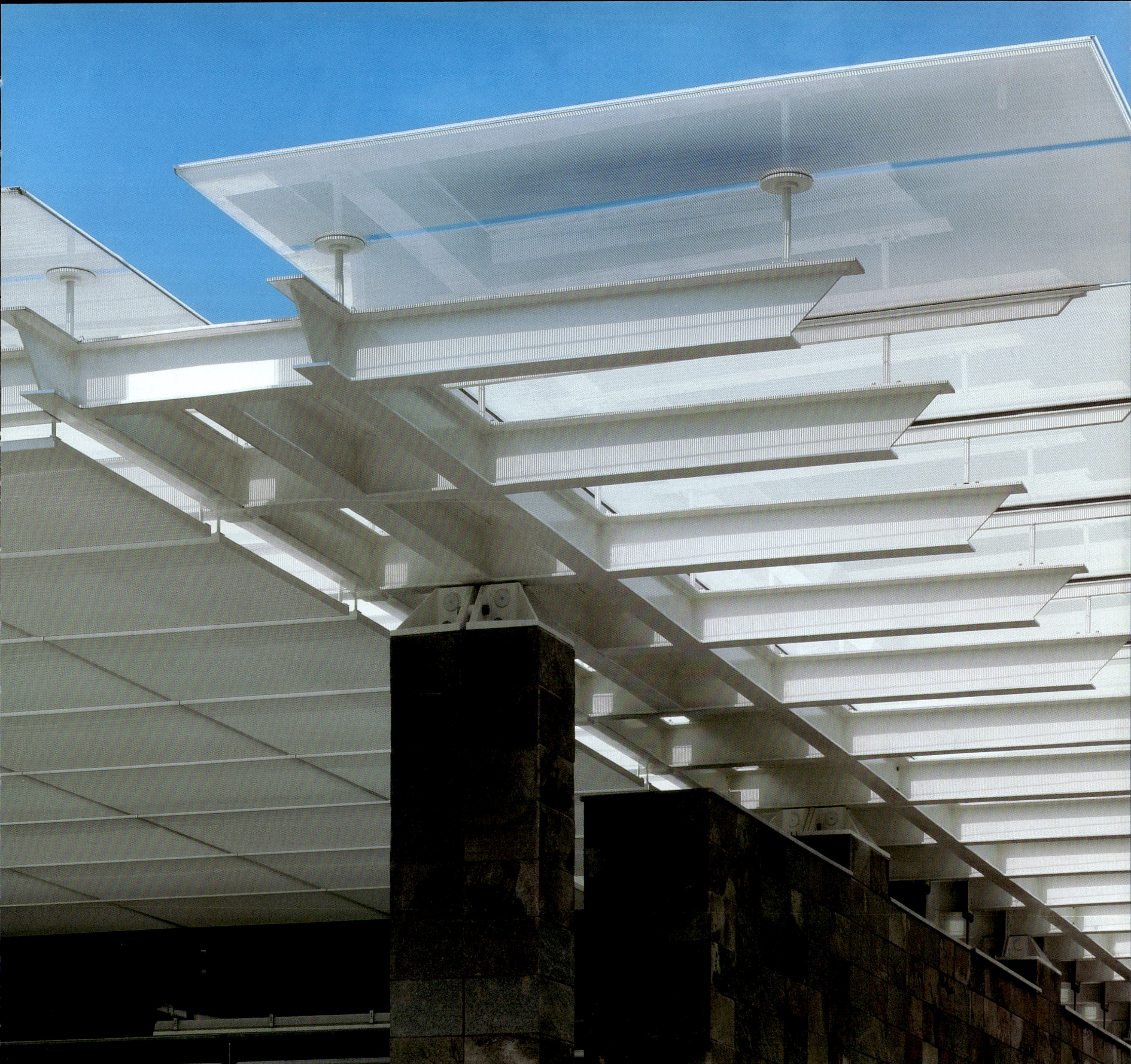

Das auskragende Vordach wirkt wie eine Pergola.

Auf der Nordseite ist das Glasdach über
die Ausstellungsräume hinaus weitergeführt, vor der
Bauerweiterung von 1999/2000.

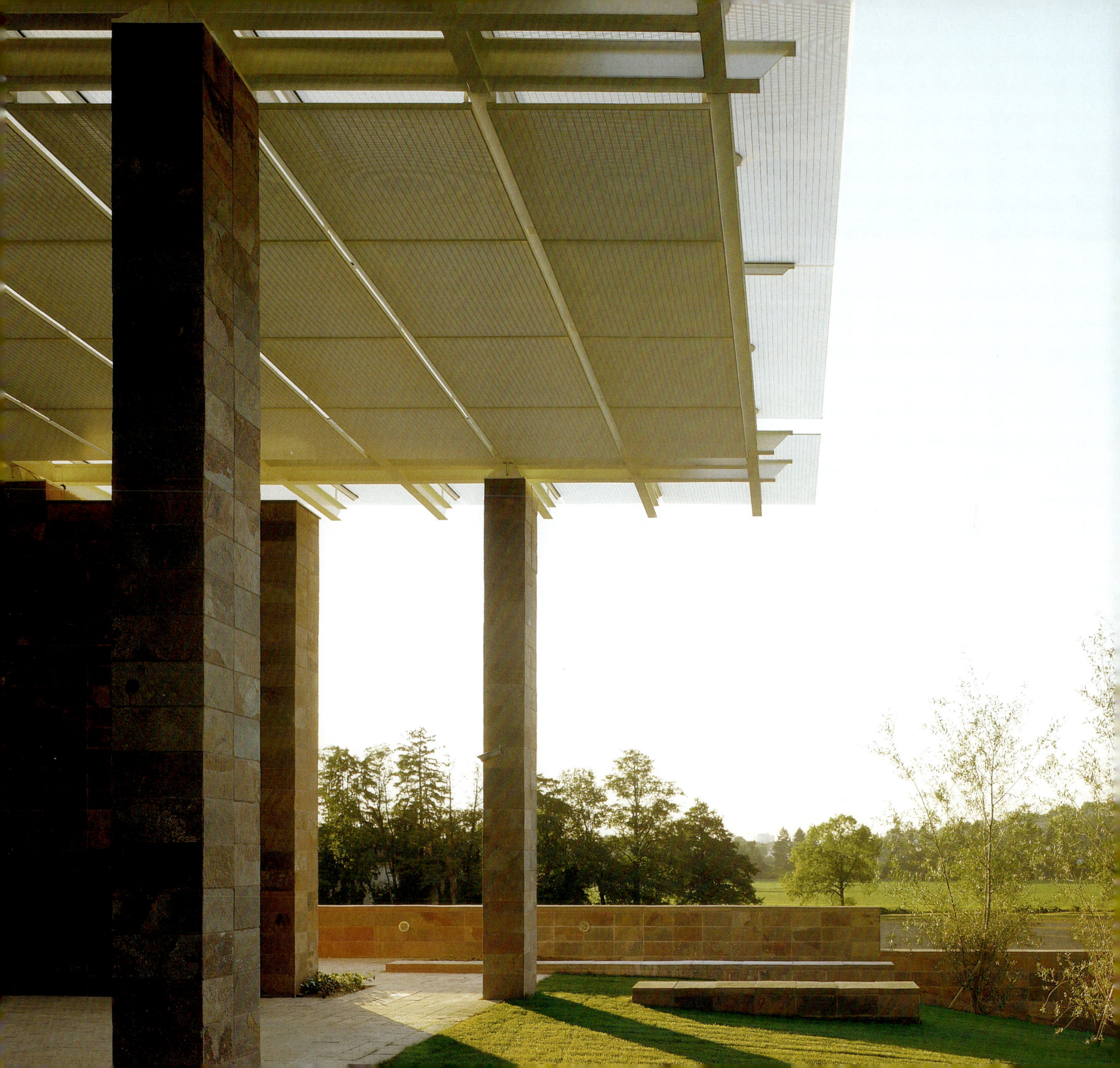

gerrostes befestigt sind. Darauf sind weiss beschichtete Stahlprofile und Glasauflager mit Distanzhaltern montiert. Als Verglasung sind Verbundglasscheiben mit einem rechteckigen, weiss emailbedruckten Muster eingesetzt.

Raumklima

Für die Erhaltung von Kunstwerken müssen Lichtverhältnisse und Raumklima, also Temperatur, Luftbewegung und -feuchtigkeit, streng kontrolliert werden. Zu starkes Licht, insbesondere ultraviolette Strahlung, bleicht die Farben aus oder zersetzt bestimmte Materialien. In der Fondation Beyeler reduzieren zwei fixe Massnahmen, das Shedsystem und das «Velum», sowie sensorgesteuerte, bewegliche Lamellen das Tageslicht auf 4%. Das Kunstlicht wird über die Leitzentrale eingeschaltet und entsprechend dem Lichtbedarf angepasst. Als Sonnenschutz für die vertikale Verglasung der Ausstellungsräume und des Wintergartens dienen die Rollstoren aus hellem Gitterstoff.

Für die Aufbewahrung von Kunstwerken eignen sich niedrige Temperaturen am besten, und Schwankungen sollten langsam erfolgen. Andere wichtige Kriterien sind Luftreinheit, -geschwindigkeit und -feuchtigkeit. Um optimale Raumbedingungen mit einem geringen Energieaufwand zu erreichen, wurde das Museum als «Haus im Haus» konzipiert: Die Ausstellungsräume liegen im Zentrum und sind von den Schwankungen des Aussenklimas durch zwischengeschaltete Pufferzonen geschützt. Diese Pufferzonen reduzieren die Wärme- und Kühllasten des Museums erheblich.

Als Pufferzonen wirken die Eingangshalle auf der Ostseite und die Galerie auf der Westseite. Auch der 1,40 m hohe Luftraum im Dach dient als grosse, horizontale Pufferzone. Er verhindert, dass im Winter kalte Zugluft, im Sommer die Warmluft über die Dachverglasung in die Galerieräume gelangt. Im Winter ermöglicht der Luftraum zusätzlich die Nutzung von Sonnenwärme zur Temperierung der Räume.

Das Museum ist mit drei unabhängigen Klimaanlagen ausgestattet. Sie dienen der Klimatisierung der Ausstellungsräume, des Luftraums unter der Dachverglasung sowie der Nebenräume. Verschiedene Sensoren kontrollieren und regeln die Raumtemperatur und die Feuchtigkeit der Ausstellungsräume. Während solche Sensoren üblicherweise in weissen Boxen untergebracht sind, sind sie hier in den Hohlraum der Gipswände integriert. Im Raum ist jeweils lediglich ein 4 cm grosses Loch sichtbar, das mit weissem Lochblech abgedeckt ist; die Luft wird durch diese Öffnungen angesaugt und an die Sonden weitertransportiert. Diese diskrete Lösung wurde eigens für den Museumsbau der Fondation Beyeler entwickelt.

In den Ausstellungsräumen wirkt das Prinzip der Verdrängungslüftung: Dank eines leichten Überdrucks im Raum kann die Aussenluft mit Staubpartikeln und Unreinigkeiten nicht einströmen. Die aufbereitete Frischluft wird nach dem Quelluft-Prinzip aus dem Fussboden eingeblasen. Die Luft verteilt sich im 45 cm hohen Hohlraum der Doppelböden. Die Luftauslässe sind Roste aus Holzlatten, die zwischen den längsgerichteten Parkettriemen aus heller französischer Eiche eingelassen sind. Die aufgewärmte Frischluft steigt auf und wird durch Abluftöffnungen zwischen dem «Velum» und der horizontalen Verglasung abgezogen. Durch Abluftkanäle, die im Hohlraum zwischen den Gipskartonwänden eingebaut sind, wird sie zur Energierückgewinnung in die Klimazentrale im Untergeschoss geführt.

Das realisierte Konzept vom «Haus im Haus» ermöglicht so die Konservierung empfindlicher Kunstwerke durch eine gleichmässige Temperatur und Luftfeuchtigkeit bei einem niedrigen Energieverbrauch.

Im Inneren bestehen die Mauern aus eingespannten Stahlbetonstützen, die mit Gipskartonwänden verkleidet sind. Im dazwischenliegenden Hohlraum findet die Haustechnik Platz.

Die Sensoren für die Klimakontrolle befinden sich hinter diskreten Öffnungen mit Lochblech.

Die Ausstellungsräume sind mit einem Doppelboden ausgestattet und in Leichtbauweise verkleidet.

Roman Hollenstein   **Tempel und Pavillon**
Zur Architektur der Fondation Beyeler

Was die Kirchen und Kathedralen einst den Gläubigen bedeuteten, das sind den kulturbeflissenen Westeuropäern des ausgehenden Jahrtausends die Kunstmuseen: Pilgerziel, Ort der Sammlung und Anschauung, aber auch der zwischenmenschlichen Begegnung. Nachdem während rund 150 Jahren in den Museen die Kunst alle Aufmerksamkeit für sich beansprucht hatte, wandte sich in jüngster Zeit das Interesse des Publikums vermehrt auch der architektonischen Hülle zu. Deshalb erstaunt es nicht, dass die neuen Museen fast immer von namhaften Architekten geplant werden – von Alvaro Siza in Santiago de Compostela bis hin zu Steven Holl in Helsinki. So betrauten auch Ernst und Hildy Beyeler einen bekannten Architekten mit dem Bau ihres Privatmuseums in der Basler Vorstadtgemeinde Riehen: den heute 63jährigen Genuesen Renzo Piano.

Ihren ersten Höhepunkt erlebte diese Entwicklung in den fünfziger Jahren mit dem Bau des Guggenheim Museums in New York, für das Frank Lloyd Wright ein für seine Zeit sensationelles Gehäuse schuf. Doch anders als manch heutiger Musentempel gibt sich Wrights Bauwerk nicht nur exzentrisch, es hütet darüber hinaus – wie man es bei einem solchen Monument erwarten darf – auch bedeutende Meisterwerke. Das 1982 eröffnete Kunstmuseum von Mönchengladbach hingegen, ein Hauptwerk des Wiener Architekten Hans Hollein und zugleich eine Ikone des Museumsbaus der achtziger Jahre, wurde sozusagen über Nacht zum Ziel des internationalen Kulturtourismus, und dies obwohl ihm von der Sammlung her nur regionale Bedeutung zukommt. Eine leichte Gegenbewegung zu diesem Streben nach dem Ausgefallenen wurde jüngst vom Whitney Museum eingeleitet, das auf eine aufsehenerregende, aber architektonisch fragwürdige Erweiterung des Breuer-Baus durch Michael Graves verzichtete und statt dessen das Haus durch den von verschiedenen Galerieumbauten und vom Warhol Museum

Frank Lloyd Wright, Guggenheim Museum, New York, 1959

Hans Hollein, Städtisches Museum am Abteiberg, Mönchengladbach, 1982

in Pittsburg her bekannten Richard Gluckman diskret im Depotbereich und auf dem Dach vergrössern liess.

Das Museum als urbanes Denkmal

Die selbstverliebten Museumsbauten unserer Zeit bezeichnet der Ausstellungsmacher und Leiter der Hallen für neue Kunst in Schaffhausen, Urs Raussmüller, als «urbane Denkmäler». Diese «errichtet man gewöhnlich an Orten, wo es nicht unbedingt viel Aufregendes gibt – wie zum Beispiel in Mönchengladbach. Und dabei ist die Architektur sehr wichtig, denn sie schafft das ganze Spektakel. Die Frage, was sich in dieser Architektur befindet, sollte nicht unbedingt gestellt werden, denn da man ‹Denkmal› gedacht hat, also äussere Erscheinung, ist für den Inhalt eben oft nicht viel übriggeblieben.»[1]

Auch der im Sommer 1997 eröffnete Glasschrein des Kunsthauses Bregenz ist ein urbanes Denkmal, denn auch er profitiert von seinem ungewöhnlichen Aussehen und vom Ruhm seines Schöpfers, Peter Zumthor, der bekannt ist für eine radikal einfache Formensprache. Das als Schaugebäude ohne eigene Sammlung, also als eine Art Kunsthalle konzipierte Haus zieht die Massen weniger mit seinen Ausstellungen an, als vielmehr dank der Aura, die der hermetisch mit Glas verkleidete Kubus ausstrahlt. Allerdings kann von dieser Symbiose in Bregenz die einem breiten Publikum meist nur schwer zugängliche Gegenwartskunst durchaus profitieren, da hier die Architektur Besucher ins Museum lockt, die sich sonst kaum zeitgenössischer Kunst aussetzen würden. Die drei übereinandergetürmten, vom Licht und vom Raum her praktisch identischen Ausstellungsräume – das Resultat einer eigenwilligen Suche nach dem idealen Kunstambiente – erweisen sich dabei allerdings als so stark, dass sie – wohl unbeabsichtigt – zu einem Gradmesser für die Qualität der Exponate werden, dem nicht jeder Künstler wird standhalten können.

Der ideale Museumsraum

Solche kraftvollen, individuellen Räume widersprechen dem Museumsideal der Moderne. Die von ihr propagierte Vorstellung vom völlig neutralen – womöglich gar von gleichmässigem Kunstlicht erhellten – Ausstellungsraum feierte zwischen den fünfziger und den siebziger Jahren Triumphe.[2] Ihrer Rigorosität wegen musste diese Vision später, als neue museologische Ideale aufkamen, auf kritische Ablehnung stossen. Dieser Widerspruch wuchs parallel zum Höhenflug der postmodernen Architektur. Allerdings wirkte sich der Ruf nach mehr Phantasie weniger auf den Galerieraum aus, als vielmehr auf das Erscheinungsbild des Baukörpers. Dies führte, wie die Beispiele von Mönchengladbach oder von Alessandro Mendinis verspieltem Museum Groningen zeigen, zu einer rhetorisch verführerischen, nicht immer kunstfreundlichen Architektur, mit der sich ein breites Publikum identifizieren konnte. In jüngster Zeit wandte sich die Entwicklung in «rasanten Paradigmenwechseln, welche Museumsarchitekturen nicht nur spiegeln, sondern selbst generieren»,[3] hin zu fast schon asketischen Bauten von geradezu magischer Ausstrahlung. Zu erwähnen wären hier neben dem Kirchner Museum in Davos von Annette Gigon und Mike Guyer das «La Congiunta» genannte Hans-Josephsohn Museum in Giornico von Peter Märkli und einmal mehr das Kunsthaus Bregenz.

Zumthors Neubau markiert in diesem Kontext den vorläufigen Höhepunkt einer Entwicklung hin zum Vergeistigten und zum Abstrakten, dem als Antithese Frank O. Gehrys Guggenheim Museum in Bilbao gegenübergestellt werden kann. Während sich Zumthors Kunsthaus mit drei fast identischen Ausstellungsebenen, mit kargen Betonwänden und einer gleichmässigen Tageslichtführung grösste Zurückhaltung auferlegt, bietet der von Gehry als gigantische Freilichtskulptur konzipierte Musentempel in Bilbao immer neue überraschende Öffnungen und

Frank O. Gehry, Guggenheim Museum, Bilbao, 1997

Peter Zumthor, Kunsthaus, Bregenz, 1997

[1] Urs Raussmüller: «Statement 2», in: Denkraum Museum. Über die Rezeption von Architektur und Kunst. Hrsg. Moritz Küng und Architektur Forum Zürich. Verlag Lars Müller, Baden 1992, S. 45.

[2] Vgl. zur Museumsarchitektur dieser Zeit die umfassende Publikation von Michael Brawne: Neue Museen. Verlag Gerd Hatje, Stuttgart 1965. – Ausserdem für den deutschen Museumsbau: Heinrich Klotz und Waltraud Krase: Neue Museumsbauten in der Bundesrepublik Deutschland. Ernst Klett Verlag, Stuttgart 1985.

[3] Ernst Hubeli: Werk Bauen Wohnen, 1/2, 1998, S. 22.

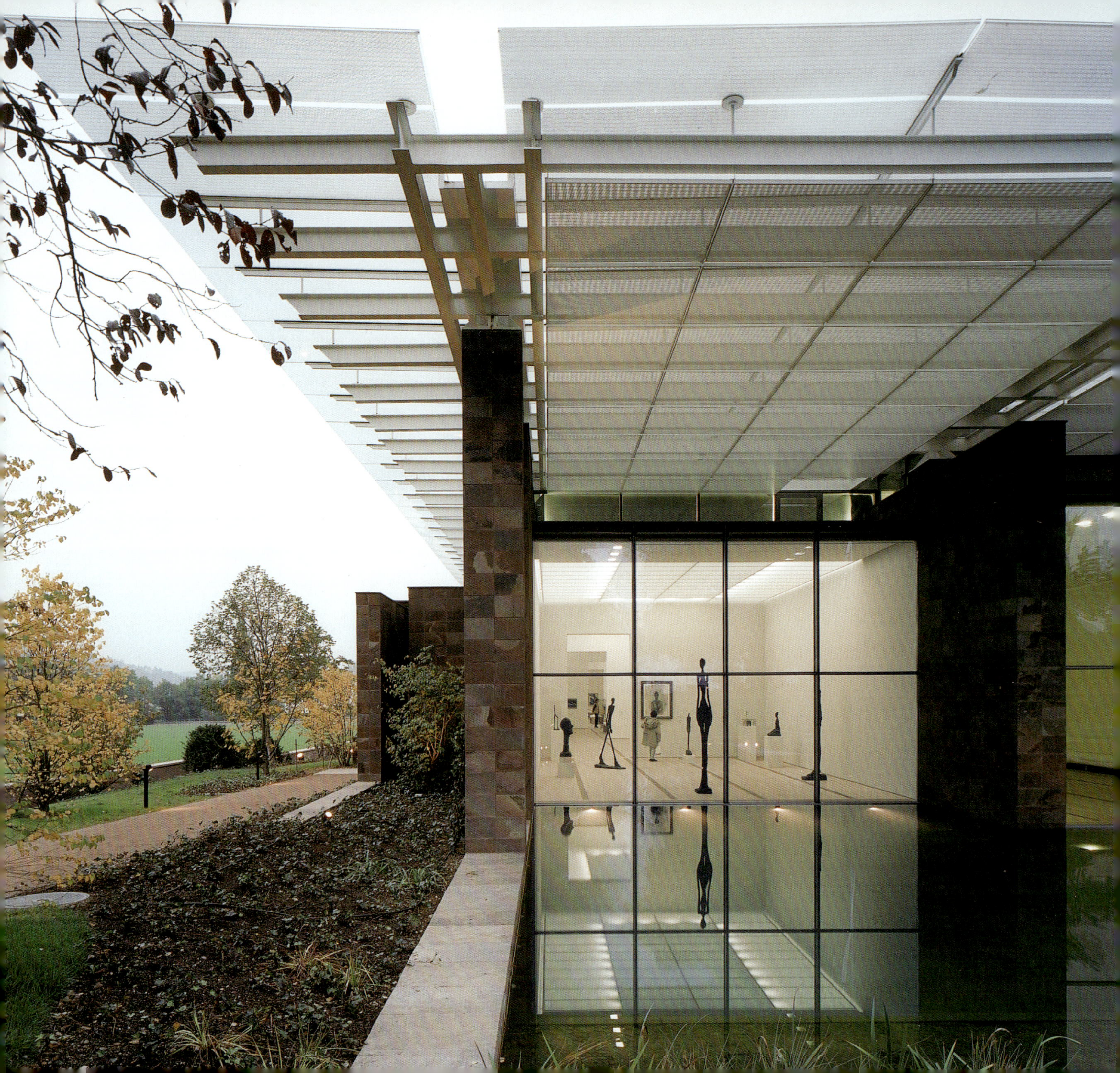

Raumgebilde, die die Tageslichtregie zum Drama und die «promenade architecturale» zum Erlebnis werden lassen. Gerade die Beispiele von Gehry und Zumthor zeigen, wie sehr die Ansichten vom idealen Kunstmuseum heute auseinandergehen. Entsprechend heftig sind die Diskussionen zwischen Künstlern, Kuratoren und Architekten. Diese Debatte, die die Museumsarchitektur der vergangenen Jahre begleitete, wurde erstmals ausgelöst durch die italienischen Museumsbauten der fünfziger Jahre, durch das von Affonso Eduardo Reidy ganz im Geiste Le Corbusiers in Rio realisierte Museu de Arte Moderna, durch Le Corbusiers Nationalmuseum für Westliche Kunst in Tokio und Frank Lloyd Wrights Guggenheim Museum. Eine neue Ebene erreichte sie dann mit zwei 1968 eröffneten Bauten: mit Mies van der Rohes gigantischer Glasvitrine der Neuen Nationalgalerie in Berlin sowie mit Lina Bo Bardis Museu de Arte in São Paulo, einem Schrein aus Glas und Beton, der die italienischen Vorbilder auf die Spitze trieb. Unlängst entzündete sich die Debatte erneut am Streit um die MoMA-Erweiterung, zu deren letzter Runde so gegensätzliche Projekte wie die des Lausanners Bernard Tschumi und des Basler Büros Herzog & de Meuron geladen wurden. Die Verantwortlichen entschieden sich dann Ende 1997 – der zu Kompromissen neigenden Tradition des Hauses entsprechend – für den spannungslos neomodernen Vorschlag des durch seine Museumsbauten in Japan bekannt gewordenen Yoshio Taniguchi.[4] Sie stellten damit eine Auseinandersetzung in Frage, die in Europa rund um die gegensätzlichen Lösungen von Bilbao und Bregenz jüngst hohe Wellen warf.

Ludwig Mies van der Rohe, Neue Nationalgalerie, Berlin, 1968

Pianos dritter Weg in Basel

Zwischen den beiden Extremen von Bilbao und Bregenz, von denen das eine den architektonischen Schaukörper im Sinne Wölfflins, das andere den architektoni-

[4] Sabine von Fischer: «Schweizer Misserfolg. Erweiterung des MoMA in New York», in: Neue Zürcher Zeitung, Nr. 292, 16. 12. 1997, S. 46. – Zur Museumsdiskussion liegt mittlerweile eine grosse Anzahl Bücher vor. Auftakt machte 1965 Brawne. Anschliessend Bott 1970 und Brawne 1982. In neuster Zeit: Stephens 1986, Zaugg 1987, Barthelmen 1988, Küng 1992, Darragh 1993, Kunst im Bau 1994, Macdonald und Fyfe 1996, Victoria Newhouse 1998 (siehe Literaturverzeichnis am Schluss dieses Aufsatzes).

schen Behälter im Sinne von August Schmarsow[5] repräsentiert, markiert Renzo Pianos Museum für die Fondation Beyeler einen dritten Weg, nämlich jenen der museologischen Vernunft. Denn seit Piano zusammen mit Richard Rogers zwischen 1971 und 1977 in Paris das Centre Georges Pompidou realisierte, in dem bereits für sein Schaffen so zentrale Ideen wie «die Faszination für Tragwerke, die Transparenz und die Offenlegung technischer und inhaltlicher Funktionen»[6] enthalten sind, gilt er als einer der Grossen des Museumsbaus. Diesen Ruf wusste er zu festigen durch das 1987 eingeweihte Gebäude für die Menil Collection in Houston. Dieses «ist wohl das einzige neu erbaute Museum, das allgemein als gelungen und beispielhaft respektiert wird, sich – im Gegensatz zu den meist mit Kritik überhäuften anderen Museumsbauten der letzten Jahre – ganz in den Dienst der Kunst stellt, sich beispielsweise akribisch der bestmöglichen Lichtführung zuwandte und architektonische Selbstpräsentation mit vordergründig künstlerischer Attitüde zurückstellte.»[7] So war es naheliegend, dass sich Ernst Beyeler, dem die Qualitäten der Menil Collection nicht verborgen bleiben konnten, an dessen Erbauer wandte, nachdem er beschlossen hatte, für seine zuvor in den grossen Museen der Welt gefeierte Sammlung ein Gebäude zu errichten, und zwar im Park des Berower-Gutes in Riehen, jener grenznahen Vorstadt von Basel, in der er selbst auch wohnt.

Erste Gespräche des Sammlerehepaars Ernst und Hildy Beyeler mit Renzo Piano fanden bereits 1990 statt, im Jahr darauf erteilte ihm dann die Fondation den Projektauftrag. Das Baugesuch wurde im August 1993 eingereicht. Trotz Einsprachen der Freunde eines privaten Katzenmuseums, das sich damals in einem Dependance-Gebäude auf dem Gelände der heutigen Fondation Beyeler befand, konnte im Juni 1994 die Baubewilligung erteilt, im Herbst desselben Jahres mit dem Bau begonnen

Renzo Piano, Richard Rogers, Centre Georges Pompidou, Paris, 1977

Renzo Piano, Menil Collection, Houston, 1987

[5] Oswald Mathias Ungers, in: Räume für Kunst. Europäische Museumsarchitektur der Gegenwart. Ausstellungskatalog. Hrsg. Kestner-Gesellschaft, Hannover 1993. S. 96.

[6] Andres Lepik: «Das Abenteuer Architektur. Pritzker-Preis für Renzo Piano», in: Neue Zürcher Zeitung, Nr. 90, 20. 4. 98, S. 26.

[7] Bernhard Bürgi, «Statement 3», in: Küng, Denkraum Museum, op. cit. (Anm. 1), S. 56.

und exakt drei Jahre später das Haus dem Publikum zugänglich gemacht werden. Diese im internationalen Vergleich eher lange Entstehungszeit für ein nur mittelgrosses und zudem von einer Privatstiftung und nicht von der öffentlichen Hand in Auftrag gegebenes Museum erstaunt, war doch beispielsweise das Guggenheim Museum in Bilbao in nur vier Jahren und die erste, mit Riehen bezüglich Grösse und privater Auftraggeberschaft vergleichbare Etappe des Louisiana Museums in Humlebæk bei Kopenhagen gar in nur zwei Jahren vollendet worden. Beyeler meinte denn auch: «Bevor ich mich für Renzo entschied, trug ich mich mit dem Gedanken, einen Architekturwettbewerb durchzuführen, aber die Zeit drängte. Ich ging deshalb voran und wählte ihn aus, weil mir die Originalität und die Unverfrorenheit seines Centre Pompidou gefielen und – als Kontrast – der ruhige menschliche Massstab seiner Menil Collection in Houston».[8] Allerdings hatte Beyeler eines ausser Acht gelassen: nämlich, dass Piano der prozessualen Entwurfspraxis stets grosse Bedeutung beimisst. Das damit verbundene immer neue Überdenken des Projekts innerhalb seines Workshops, aber auch auf der Baustelle kam indes – und darin sind sich der Architekt, der Bauherr und die meisten Kritiker einig – dem Museum zweifellos zugute.

So erwies sich die Wahl des mit zahlreichen internationalen Grossprojekten belasteten Piano zwar als architektonischer Glücksfall, aber letztlich nicht als Zeitgewinn. Ein erster Entwurf, der manchen Kritikern als zu schweizerisch streng und einfach erschien,[9] wurde schnell wieder verworfen, denn Beyeler konnte in diesem Vorschlag kein Museum erkennen, sondern höchstens ein Gewächshaus. Er hatte sich vielmehr «ein klassisches Gebäude mit guten Proportionen und guten Lichtverhältnissen» vorgestellt; kurz ein «Museum, in dem man Luxe, Calme, Volupté finden kann».[10] Beyelers

---

[8] Mildred F. Schmerz: «Renzo Piano's Fondation Beyeler», in: Architectural Digest, Oktober 1997, S. 102–106. (Originalzitat: «Before I chose Renzo, I thought I might hold a design competition, but I was in a hurry. I just went ahead and picked him because I liked the originality and brashness of his Pompidou Centre in Paris and, by contrast, the quiet human scale of his Menil Collection in Houston.»)

[9] Peter Buchanan: Renzo Piano Building Workshop. Sämtliche Projekte. Verlag Gerd Hatje. Stuttgart 1996. S. 170.

[10] Aussage von Renzo Piano

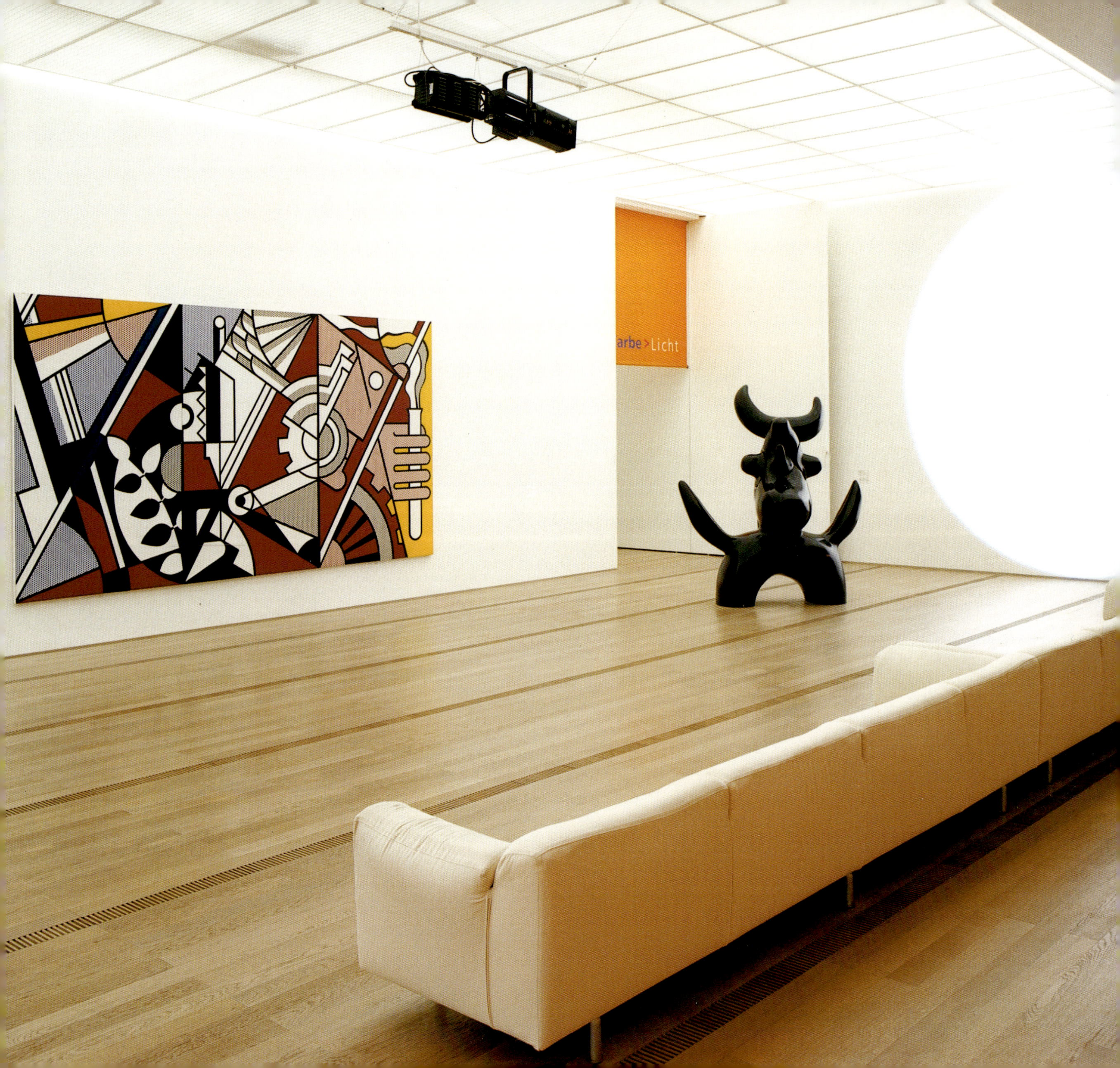
arbe>Licht

kreatives Mittun und die damit verbundene Auseinandersetzung zwischen Auftraggeber und Architekt haben sich gelohnt. Schon jetzt ist klar, dass die Fondation Beyeler zu den aus der Sicht der Kunst wichtigsten Ausstellungsgebäuden der letzten 50 Jahre zählt. Solche museologischen Spitzenwerke wurden in den vergangenen Jahrzehnten fast ausschliesslich von Privaten in Auftrag gegeben: angefangen bei van de Veldes Museum Kröller-Müller in Otterloo über Kahns Kimbell Art Museum in Fort Worth bis hin zum Museum der Sammlung Goetz in München von Herzog & de Meuron. Das verwundert nicht, denn nur im direkten Ringen zwischen einem von der Kunst besessenen Auftraggeber und seinem Architekten kann für das jeweilige Problem eine Ideallösung gefunden werden, ein Aufwand und eine Verantwortung, deren sich bei einem öffentlichen Museumsprojekt niemand annehmen kann.

Nicht nur ein Museumsarchitekt

Das von «technischer Erfindungsgabe und prozessualer Entwurfspraxis»[11] geprägte Schaffen und die intensive Auseinandersetzung mit dem Auftraggeber prägen aber nicht nur Pianos Museumsbauten. Der 1937 geborene Genuese plant und realisiert zusammen mit seinem in Genua und Paris tätigen Workshop auch alle anderen Bauten nach diesen Prinzipien. Und die Werkliste des vielfach ausgezeichneten Architekten – erwähnt seien hier nur der Erasmuspreis von 1995 und der Pritzker-Architekturpreis von 1998, zwei ebenso begehrte wie hochdotierte Vergabungen – belegt Pianos weitgefächertes architektonisches Interesse.

Von seinem innovativen Umgang mit typologischen Vorbildern, dem Reichtum der Formfindungen und seinem urbanistischen Engagement zeugen so verschiedenartige Arbeiten wie das Stadion in Bari, die Weltausstellungsbauten in Genua, die Debis-Überbauung am

Louis I. Kahn, Kimbell Art Museum, Fort Worth, 1972

Herzog & de Meuron, Galerie Goetz, München, 1989–1992

[11] Andres Lepik, op. cit. (vgl. Anm. 6).

Foyer mit Roy Lichtensteins «Peace through Chemistry» (1970), Joan Mirós «Oiseau lunaire» (1966) und Michel Verjux' «Poursuite au mur, calage haut-bas-droite» (1989, Installation anlässlich der Sonderausstellung «Farbe zu Licht», 2000), (von links nach rechts)

Renzo Piano, Kulturzentrum J. M. Tjibaou, Nouméa, Neukaledonien, 1998

Renzo Piano, Menil Collection, Houston, Innenansicht, 1987

Potsdamer Platz in Berlin, das Science Museum in Amsterdam, der neue Grossflughafen von Osaka sowie sein gegenwärtig jüngstes Werk, das an die «traditionellen Rundhäuser der Kanaken» erinnernde Kulturzentrum Jean-Marie Tjibaou in Nouméa auf Neukaledonien, das im Mai 1998 eingeweiht werden konnte.[12] Dabei vermeidet es der vielbeschäftigte Architekt geschickt, sich selbst zu wiederholen oder zu zitieren. So wurde das Centre Pompidou, der bis heute wohl eigenwilligste Museumsbau überhaupt – ausgehend von Ideen, die an der Architectural Association in London und von Archigram entwickelt worden waren – als Kulturmaschine konzipiert. Dieses eher an eine Raffinerie als an einen Musentempel erinnernde Meisterwerk des frühen HighTech konzentrierte seine Aussage vor allem auf die Fassade und behandelte die räumlichen Aspekte, also den Ort, an dem eigentlich die Kunst zu ihrem Recht kommen sollte, als zweitrangiges Thema, ganz dem Zeitgeist entsprechend, der sich weniger für sakrale Kunsträume als für Orte der Begegnung engagierte. Die technoide Grossstadtmetapher des Centre Pompidou ist denn auch das exakte Gegenstück zum arkadischen Ideal der Fondation Beyeler mit ihrem diskret sich in den Park einfügenden Erscheinungsbild und den lichterfüllten, klar definierten Ausstellungsräumen.

Das Centre Pompidou allein hätte Ernst und Hildy Beyeler wohl kaum dazu veranlasst, Piano als ihren Museumsarchitekten auszuwählen. Nicht nur weil bei diesem Bau das Äussere im Grunde wichtiger ist als das weitgehend künstlich erhellte Innere. Auch typologisch wäre es nicht der richtige Bezugspunkt gewesen, da Beyeler keine anonyme Maschine, sondern ein intimes Haus wünschte. Ein solches war Piano, wie schon kurz erwähnt, 1982–87 im Privatmuseum gelungen, das er für Dominique de Menil, eine engagierte Sammlerin zeitgenössischer Kunst in Houston, Texas, geschaffen

---

[12] Peter Gerdes: «Ein Kulturhaus für die Kanaken. Renzo Pianos ‹Projet majeur› in Neukaledonien», in: Neue Zürcher Zeitung, 19. 5. 1998, Nr. 114, S. 45.

[13] Jean-Christophe Ammann: «Ein Haus für die Kunst», in: Baumeister, Zeitschrift für Architektur, 9. 9. 1994, S. 48–52, (Themenheft Museumsarchitektur).

[14] Riccardo Mariani: «Voglio un museo per fare una casa e poi faccio una città», in: L'Arca. Rivista internazionale d'architettura. Dez. 1986. S. 1.

[15] Francis Haskell und Nicholas Penny: Taste and the Antique. London & New Haven 1981, S. 7 ff.

hatte. Mit der Menil Collection kreierte Piano einen «Ort, der» – um mit Reyner Banham zu sprechen – «dem Funktionalismus die Magie zurückerstattet». Denn in diesem eingeschossigen Ausstellungsbau mit aufgesetzten Verwaltungs-, Depot- und Studienräumen wandte er sich ganz dezidiert dem Innenraum zu. Er beschäftigte sich, wie es etwa der Ausstellungsmacher Jean-Christophe Ammann immer wieder fordert,[13] mit dem Aussehen der Wände und Böden sowie mit dem musealen Raum im allgemeinen, mit seinem Licht und seinen Proportionen. Hier ging es ihm also nicht mehr wie beim Centre Pompidou darum, das herkömmliche Kunstmuseum aus dem Geiste der 68er-Bewegung heraus in Frage zu stellen. Vielmehr besann er sich zurück auf die klassische Typologie des Museums, die seit Leo von Klenze von klar definierten Oberlichtsälen ausgeht. Seine wichtigste Inspiration allerdings fand er im Kimbell Art Museum von Louis Kahn in Fort Worth, einer Ikone des modernen Museumsbaus. Ausgehend von diesem entwickelte er eine zenitale Lichtführung in Form eines mit flossenartigen Lamellen die klassischen Vorbilder, aber auch Kahns Innovation neu interpretierenden Oberlichts.

Geschichte des Privatmuseums

Die Bedeutung und die architektur- und kunsthistorische Stellung von Pianos Privatmuseen in Houston und Riehen lässt sich aber erst ermessen, wenn man diese im Kontext der bis zu den Griechen zurückreichenden Geschichte des Museumsbaus im Allgemeinen und des Privatmuseums im besonderen betrachtet. Wie Pausanias in seiner «Beschreibung Griechenlands» (I. 22,6) berichtet, bewahrte schon seit klassischer Zeit die Pinakothek in den Propyläen der Akropolis von Athen Gemälde mythologischen und historischen Inhalts auf; und während des Hellenismus sollen in Pergamon und Alexandria Kunstsammlungen bestanden haben, die bereits ganz losgelöst von religiösen Motivationen zustande gekommen waren. Die Eroberung und die damit verbundene Plünderung von Magna Graecia und später auch von Griechenland führten in Rom zu einem Überangebot an Kunstwerken unterschiedlichster Qualität, die nicht mehr nur als Beutestücke öffentlich präsentiert, sondern auch an reiche Römer verkauft wurden, womit erste Grundlagen der privaten Sammelleidenschaft und damit des Kunsthandels geschaffen waren. Schnell erreichte der Kunstbesitz einen derartigen Stellenwert, dass beispielsweise Cicero im Zusammenhang mit Gaius Verres auf die Sammlung dieses einstigen Plünderers und späteren Kunstliebhabers zu sprechen kam.[14]

Ebenfalls in Italien entstanden die ersten eigens für Privatsammlungen errichteten Bauten der Neuzeit: Papst Julius II. liess 1503 in der von Innozenz VIII. erbauten Villa Belvedere im Vatikan den schnell berühmt gewordenen, nur der Kurie und ausgewählten Gästen, Altertumsforschern und Künstlern zugänglichen Skulpturenhof errichten. In dieser allseitig von Mauern und Loggien gefassten, mit kühlenden Brunnen und duftenden Orangenbäumen geschmückten Anlage konnten die Besucher einige der bedeutendsten Skulpturen der Zeit sehen: den Apollo, den Laokoon, den Torso und den Antinous. Das Konzept, Kunst in einem programmatisch eingerichteten Ambiente zu präsentieren, war ebenso neu wie einmalig.[15] Entsprechend gross war die Bedeutung dieses ersten Privatmuseums für die Entstehung des von oben erhellten, aber mit Glas überdachten modernen Ausstellungsraums. Dieser archaisch anmutende Prototyp, der in den massiven Mauern und dem entmaterialisiert wirkenden Dach der Fondation Beyeler nachhallt, wurde 1772 unter Clemens XIV. von Michelangelo Simonetti in den noch heute existierenden Cortile Ottagono umgewandelt, in dem man die Antiken – unter

Michelangelo Simonetti, Cortile Ottagono, Belvedere des Vatikan, 1772

Bernardo Buontalenti, Tribuna, Florenz, 1581
(Gemälde von Johann Zoffany, 1733/4–1810)

John Soane, Dulwich College Art Gallery, London, 1814

Robert Adam, Newby Hall, Yorkshire, 1785

Arkaden vor der Witterung geschützt – nach neusten antiquarischen und museologischen Erkenntnissen präsentierte.

Das Rom des 16. Jahrhunderts sah aber auch die Genese der Privatsammlungen von Kardinal Federico Cesi und – etwas später – der Farnese, der Medici und der Ludovisi. Sie wurden eifersüchtig gehütet und waren ebenfalls nur für «personaggi di alto lignaccio» und «agli studiosi» zugänglich.[16] Neue Massstäbe sollte die private Sammelleidenschaft in Florenz setzen, wo 1574 Grossherzog Francesco I. die drei Galerien über den Verwaltungsbüros in Giorgio Vasaris Uffizien als Skulpturenmuseum umbauen und 1581 von Bernardo Buontalenti als Tempel der Kunst die Tribuna – halb Wunderkammer, halb Bilder- und Skulpturengalerie – errichten liess. Der von oben erhellte, in sich geschlossene Raum darf als zweite Wurzel des modernen Galeriegebäudes bezeichnet werden. Aber erst rund 100 Jahre später, als die bedeutendsten Sammlungsobjekte der Medici – die Venus, die Ringkämpfer und der Tanzende Faun – von Rom nach Florenz überführt worden waren, avancierte die Tribuna zum wohl berühmtesten Kunstraum des Abendlandes – und wurde damit für die weitere Entwicklung der Museumsarchitektur ebenso massgebend wie der Belvedere-Hof.

Nördlich der Alpen bewahrte man berühmte adelige Sammlungen wie jene von Rudolf II. im traditionellen Ambiente der Paläste auf, während der älteste öffentliche Kunstbesitz der Welt, das 1662 von der Stadt Basel angekaufte «Amerbach-Kabinett», in der dortigen Universität Aufstellung fand. Es sollte aber noch ein Jahrhundert dauern, bis weitere universitäre Kunstsammlungen in Grossbritannien und in den USA entstanden. Eine solche, die Dulwich College Art Gallery, wurde zum ersten öffentlich zugänglichen Museum Englands, nachdem John Soane für sie 1814 in London ein Galeriegebäude errichtet hatte, in welchem sich Simonettis Cortile Ottogono und Buontalentis Tribuna mit der Raumfolge des Barockpalais verbinden. Die italienischen Vorbilder bestimmten auch Soanes eigenes Londoner Wohnhaus, wobei der exzentrisch übersteigerte «Dome» darüber hinaus stark von Piranesis Carceri-Visionen geprägt war. Im «Dome» kann man indes auch eine dramatische Überhöhung der für die Barberini-Venus bestimmten Rotunde der Skulpturengalerie von Newby Hall in Yorkshire erkennen. Diesen ersten bedeutenden privaten Ausstellungsraum in England hatte Robert Adam schon in den Jahren 1767–85 errichtet, und zwar als frühklassizistische Verschmelzung von Tribuna, Cortile Ottogono und römischen Pantheon.

Während in England – ausgehend von den Beispielen in Rom und in Florenz – auch typologisch um den idealen Museumsraum gerungen wurde, vergingen in Deutschland rund 50 Jahre zwischen dem Bau des ersten öffentlichen Museums, des 1779 vollendeten Fridericianums in Kassel, und den revolutionären Lösungen von Karl Friedrich Schinkels Altem Museum in Berlin und Leo von Klenzes Alter Pinakothek in München (1826–36). Dieses nach dem Bau seiner Münchner Glyptothek entstandene Gebäude wurde mit den von Oberlichtern erhellten Sälen zum wohl folgenreichsten Beispiel des neuzeitlichen Museumsbaus. Es bestimmte die typologische Entwicklung nachhaltig und ist selbst noch in der Fondation Beyeler bezüglich der parallelen Saalschichten und des Oberlichts von entscheidender Bedeutung.

Schweizer Privatmuseen

Nachdem Aufklärung und französische Revolution die gesellschaftliche Bedeutung der Kunst erkannt und sich die Besitzverhältnisse geändert hatten, gingen allmählich die meisten königlichen Sammlungen in öffentlichen Besitz über. Seither spielen Privatsammlungen eine untergeordnete Rolle – zumindest auf dem europäischen Kontinent. In den USA hingegen entstanden für die neu durch Grossunternehmer – von Frick und Kimbell bis de Menil und Getty – zusammengetragenen Kunstschätze repräsentative Gehäuse. Bescheidener gab man sich in der Schweiz, einer anderen Hochburg privater Sammler: So sind die Hahnloser-Kollektion in Winterthur und die Bührle-Sammlung in Zürich in ehemaligen Villen untergebracht. Sidney und Jenny Brown in Baden hingegen liessen sich – fast gleichzeitig mit Frick in New York – schon 1905/06 für ihre anfangs der deutschen und später der französischen Kunst gewidmete Sammlung als Anbau an ihre Villa ein heute öffentlich zugängliches Galeriegebäude errichten, beide vom damals bedeutendsten Schweizer Architekten, Karl Moser. Dieser Bau sollte weiterwirken auf Mosers 1911 vollendetes Kunsthaus Zürich, einen Meilenstein des internationalen Museumsbaus an der Schwelle zur klassischen Moderne.

Die bedeutendste Privatgalerie im Raum Zürich aber schuf sich Oskar Reinhart für seine erlesene Sammlung, indem er an die 1924 erworbene Villa «Am Römerholz» in Winterthur, die 1913–15 vom Genfer Architekten Maurice Turrettini errichtet worden war, von diesem noch im selben Jahr eine Galerie anfügen liess.[17] Handelte es sich dabei um einen klassischen Oberlichtraum mit seitlichem Lichtgaden, so realisierte Turrettinis Westschweizer Landsmann, der in Paris tätige, aber aus La Chaux-de-Fonds stammende Le Corbusier, für den ebenfalls in der französischen Hauptstadt ansässigen Basler Sammler Raoul La Roche exakt zur gleichen Zeit ein Wohnhaus mit einem Ausstellungstrakt. Diese doppelgeschossige, von unter der Decke durchlaufenden Bandfenstern erhellte Galerie diente der Präsentation der wohl bedeutendsten Privatsammlung mit Hauptwerken des Kubismus und des Purismus. Durch drei Schenkungen in den Jahren 1952, 1956 und 1965 ging dieser kost-

Karl Moser, Villa Sidney und Jenny Brown, 1900/01, mit Galerieanbau, 1905/06, Stiftung Langmatt, Baden

Le Corbusier, Galerietrakt der Villa La Roche, Paris, 1923

[16] *Adele Anna Amadio, in Ausstellungskatalog: La collezione Boncampagni Ludovisi. Hrsg. Antonio Giuliano. Marsilio Editori, Venedig 1992, S. 14.*

[17] *Christina und Matthias Frehner: Sammlung Oskar Reinhart «am Römerholz» Winterthur. Schweizerisches Institut für Kunstwissenschaft, Zürich 1993, S. 11.*

Nordterrasse vor der Bauerweiterung,
mit Luciano Fabros «Crono» (1991)

Ansicht von Norden

[18] *Eine neue Galerie für die Sammlung
Thyssen-Bornemisza. Hrsg.
Hans Heinrich Thyssen-Bornemisza.
Electa, Mailand 1987.*

bare Bestand zum grössten Teil in den Besitz des Basler Kunstmuseums über und wurde damit schon früh zu einem Vorbild für die Sammeltätigkeit von Ernst Beyeler. Neben diesen der Kunst des Impressionismus und der klassischen Moderne gewidmeten Sammlungsbauten entstand in Lugano-Castagnola Mitte der dreissiger Jahre ein weiteres Privatmuseum: diesmal für eine Altmeisterkollektion. Auf dem 1932 erworbenen, prachtvoll am Luganersee gelegenen Grundstück der Villa Favorita liess der deutsche Industrielle Heinrich Thyssen-Bornemisza zwischen 1933 und 1937 nach dem Vorbild der Alten Pinakothek vom Tessiner Architekten Giovanni Geiser ein Galeriegebäude errichten, das in seiner Einbettung in die terrassierte Parkanlage, in seiner betonten Längsausrichtung, in der angedeuteten Dreischiffigkeit und im gedämpften Oberlicht das entscheidende Bindeglied zwischen Klenzes Münchner Meisterwerk und Pianos Riehener Museum darstellt. Die klassische Enfilade mit zwanzig von oben natürlich erhellten Sälen und Seitenkabinetten ist trotz der «konservativen» Form ideal auf das Ausstellungsgut ausgerichtet. Thyssens Sohn Hans-Heinrich plante dann in den achtziger Jahren eine Erweiterung dieses Museumsbaus und schrieb dazu einen prestigeträchtigen Wettbewerb aus, für den unter anderem das Atelier 5, Mario Botta, Hans Hollein und James Stirling Projekte beisteuerten.[18] Das ganze Unterfangen blieb aber Papier, da Thyssen schliesslich die Sammlung nach Madrid überführte, wo sie seit Oktober 1992 in dem von Rafael Moneo umgebauten Villahermosa-Palast untergebracht ist.

Ebenfalls kein Erfolg beschieden war 1984 dem Versuch des Fürsten von Liechtenstein, sich in Vaduz von Alexan-

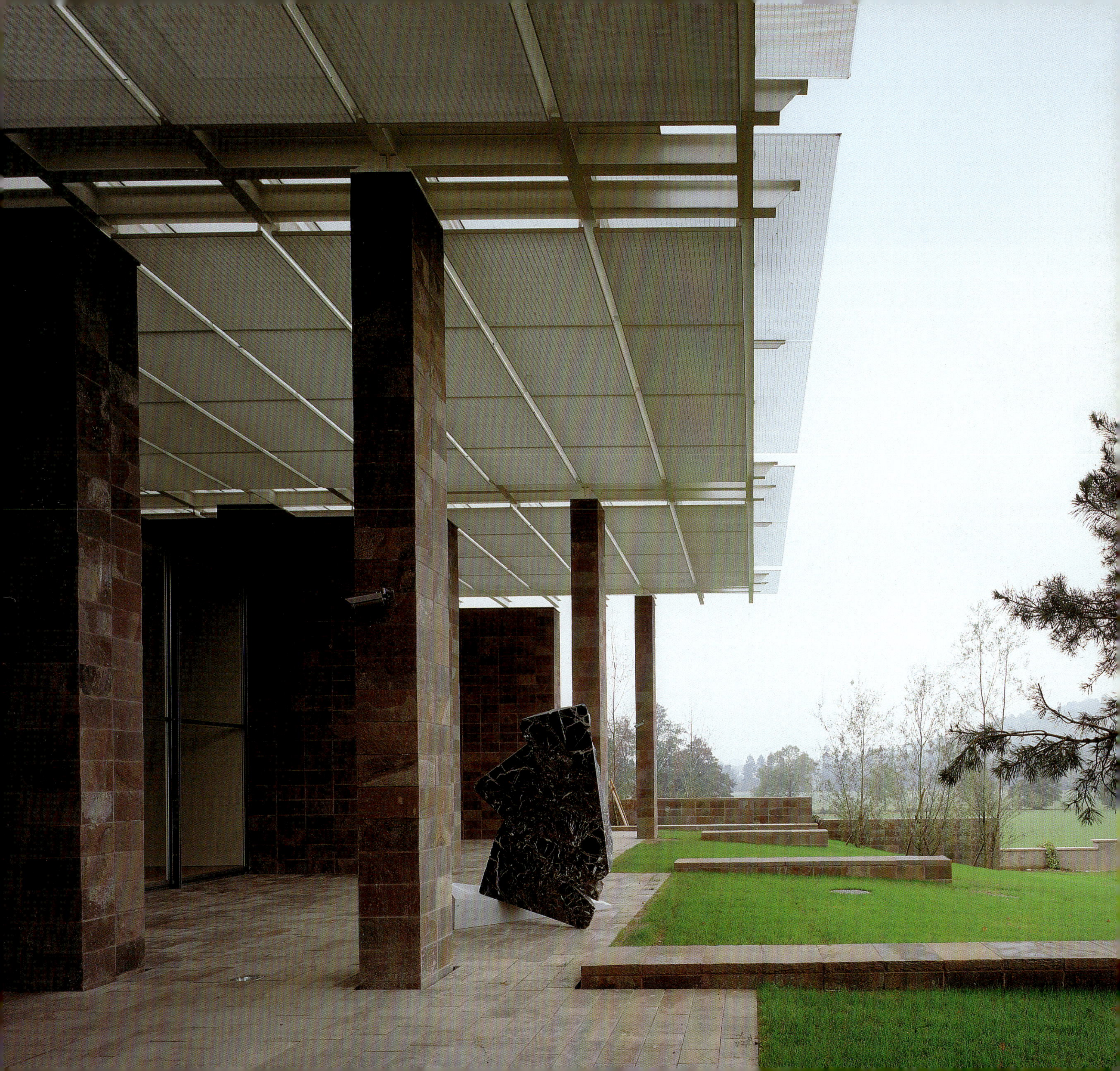

Giovanni Geiser, Galerie der Villa Favorita,
Thyssen-Bornemisza Collection, Lugano-Castagnola, 1937
Oben: Villa (vorne) mit Galerietrakt (hinten links)
Mitte: Innenansicht

Carlo Scarpa, Erweiterung der Gipsoteca Canoviana, Possagno, 1957

der von Branca, dem Erbauer der Neuen Pinakothek in München, ein Museum für seine hochbedeutenden Sammlungen zu erstellen. So blieb es Ernst und Hildy Beyeler vergönnt, nicht nur das seit Jahrzehnten erste bedeutende Privatmuseum der Schweiz, sondern das wohl seit der Errichtung der Fondation Maeght in St. Paul-de-Vence bedeutendste private Ausstellungsgebäude Europas zu realisieren und damit die seit langem boomende Museumsarchitektur mit einem nicht nur architektonisch, sondern auch typologisch wertvollen Beispiel zu bereichern. In ihm vereinen sich rund 150 hochkarätige Exponate von Monet und Cézanne bis Giacometti und Bacon – die Ernte einer fünfzigjährigen Sammlertätigkeit, die zuvor nur im Musée imaginaire der Besitzer feste Konturen hatte – mit der Architektur zu einem ebenso eindrücklichen wie seltenen Gesamtkunstwerk.

Italienische Museumstradition als Vorbild

Die Riehener Anlage wurde aufgrund ihrer Einbettung in die liebliche, durch sanfte Hügel, Weinberge und das hochgelegene Dorf Tüllingen bestimmte Landschaft mit dem «Natur-Kunst-Paradies der Provence» verglichen.[19] Aber nicht nur die Gegend erinnert entfernt an das Mittelmeergebiet – das seit van Gogh, Le Corbusier und Matisse als eine Idealwelt der Moderne gilt. Auch die Architektur der Fondation Beyeler ist mediterran angehaucht; allerdings weniger von der Landschaft Südfrankreichs, als vielmehr von der Baukunst Italiens, der Heimat Renzo Pianos. Obwohl sich, wie angedeutet, die Herkunft dieses Museums bis auf den Cortile Ottagono des Belvederes zurückverfolgen lässt, sei hier der historische Kontext für einmal ausgeblendet und das Augenmerk auf die italienische Museumsarchitektur der Nachkriegszeit gerichtet. Sie war es, die neben den Pavillons der Mailänder Triennale und der Biennale von Venedig Pianos Ausstellungsbauten nachhaltig prägte. Auftakt bildete 1951 der international wahrgenommene Umbau des Palazzo Bianco in Genua durch Franco Albini in ein Kunstmuseum. Dieser blieb in Renzo Pianos Familie, der eines Genueser Bauunternehmers, gewiss nicht unbeachtet. Zweifellos aber wirkte sich die kühne, ja revolutionäre Interpretation des Kunstmuseums durch Albini, in dessen Büro Piano während seines Studiums in Mailand gearbeitet hatte,[20] auf seine unorthodoxe Konzeption des Centre Pompidou aus.

Auch Scarpas legendäre Umbauten des Palazzo Abatelli zur Galleria Nazionale della Sicilia in Palermo (1954) und des Museo di Castelvecchio in Verona (1958–64)[21] dürften ihn beschäftigt haben. In dem von Piano in der Fondation Beyeler verfochtenen Anrecht des Kunstwerks auf einen ihm adäquaten Raum jedenfalls klingt die Lektion dieser beiden Museumsbauten nach. Bezüglich der Verzahnung eines Gebäudes mit seiner Umgebung konnte Piano ebenfalls Entscheidendes von Scarpa lernen: So findet das japanisch anmutende Spiel mit Mauern, Fensterfronten, Wasser- und Grünflächen, das dem Beyeler Museum die Poesie verleiht, einen Vorläufer im Hofgarten der 1961–63 von Scarpa umgebauten Fondazione Querini-Stampalia in Venedig. Der Dialog zwischen Kunst und Aussenwelt indes, der in Riehen seine Vollendung in dem auf Teich und Park hin offenen Giacometti-Saal findet, ist eine kongeniale Antwort auf Scarpas 1957 vollendete Erweiterung der Gipsoteca Canoviana in Possagno. Dort öffnet sich der schmale Anbau durch eine vierteilige, vom Boden bis über die zurückgezogene Decke reichende Fensterfront auf ein kleines Bassin, das das Licht zurückwirft auf das Hauptexponat des Raumes: den Originalgips von Antonio Canovas «Drei Grazien». Wie neuartig Scarpas auf jedes einzelne Kunstwerk zugeschnittene Raumgestaltung war, zeigt eine Erkenntnis, die 1958 der italienische Architekturtheoretiker Bruno Zevi in der Zeitschrift «l'architettura»

festhielt: «Wir waren an Museen gewöhnt, (...) in denen die Kunstwerke nachträglich, nach der Planung des Bauwerks, untergebracht wurden. Diese Vorstellung ist heute umgekehrt worden: Die Kunstwerke schaffen ihrerseits die Architektur, bestimmen die Räume und schreiben die Abmessungen der Wände vor.»[22] Dieser damals einschneidende Paradigmenwechsel bestimmte noch vierzig Jahre später Pianos Arbeit in Riehen.

Den vielleicht wichtigsten Meilenstein der italienischen Museumsarchitektur der Nachkriegszeit markierte aber der bereits 1949–53 von Ignazio Gardella in Mailand realisierte Padiglione d'arte contemporanea. Dieses typologisch zu den Kunsthallen zählende pavillonartige Ausstellungsgebäude – ein heute ausserhalb Italiens fast vergessenes Meisterwerk – ist ein Schlüssel zum Verständnis von Pianos Lösung in Riehen. Beide Bauten nehmen in Material und Form lokale architektonische Gegebenheiten auf, sind in den Park einer Villa (in Mailand der klassizistischen Villa Belgioioso Reale) integriert und besitzen als Rückgrat eine Mauer, die den Grünraum von einer belebten Strasse trennt. Aber damit nicht genug: Wie Pianos Museumsbau öffnet sich auch Gardellas Kunstpavillon mit einer verglasten Fassade auf die Grünanlage. Während Gardella den dahinter liegenden Raum jedoch den Skulpturen vorbehält, interpretiert ihn Piano in Riehen als Wintergarten und Erholungszone. Kurz: die geistige Verwandtschaft zwischen den beiden Bauten ist – bei allen technischen Unterschieden – so frappant, dass man versucht ist, in Pianos Gebäude eine zeitgenössische Reinterpretation von Gardellas Ausstellungsbau zu sehen.

Das Museum im Park

Neben der architektonischen Qualität ist es die Integration in einen alten Baumbestand, die wesentlich zur Attraktivität von Gardellas Padiglione d'arte contempora-

Josep Lluís Sert, Fondation Maeght, St. Paul-de-Vence, 1964

Ignazio Gardella, Padiglione d'arte contemporanea, Mailand, 1953

[19] Eduard Beaucamp: «Die hängenden Gärten. Erlesen: Die Fondation Beyeler und ihr Museum», in: Frankfurter Allgemeine Zeitung, Nr. 246, 23. 10. 1997, S. 41.

[20] Renzo Piano: Out of the blue. Verlag Gerd Hatje, Ostfildern 1997, S. 264.

[21] Christine Hoh-Slodczyk: Carlo Scarpa und das Museum. Ernst und Sohn, Berlin 1987.

[22] Bruno Zevi zitiert nach: Michael Brawne: Neue Museen. Verlag Gerd Hatje, Stuttgart 1965, S. 30.

nea, aber auch von Pianos Fondation Beyeler beiträgt. Vor allem Privatmuseen zeigen eine erstaunliche Vorliebe für parkartige Standorte. So siedelten sich in den letzten 60 Jahren mehrere bedeutende private Sammlungen im Grünen an. Auftakt machte noch vor dem Zweiten Weltkrieg Baron Thyssens Ausstellungsgebäude der Villa Favorita in Lugano und Henry van de Veldes 1938 vollendetes und später mehrfach erweitertes Privatmuseum Kröller-Müller im Nationalpark «De Hoge Veluwe» bei Otterloo. Ihnen folgten das 1955 von Knud W. Jensen gegründete, 1958 in seiner ersten, architektonisch interessantesten Etappe nach Plänen der damals noch blutjungen Architekten Vilhelm Wohlert und Jørgen Bo fertiggestellte Louisiana Museum am Øresund in Humlebæk bei Kopenhagen sowie die 1959–64 von Josep Lluís Sert in Form eines modernen mediterranen Dorfes realisierte Fondation Maeght in St. Paul-de-Vence. In den USA liess sich das Getty Museum in Malibu nieder; und Philip Johnson errichtete sein Privatmuseum in New Canaan. Neueren Datums sind das Museum der Fundació Pilar i Joan Miró von Rafael Moneo in Son Abrines bei Palma de Mallorca (1987–93) oder die in der Nähe von Düsseldorf gelegene Museumsinsel Hombroich. Hier soll der aus elf Bauten des Bildhauers Erwin Heerich bestehende Museumskomplex erweitert werden mit Gebäuden von Raimund Abraham, Tadao Ando und Alvaro Siza. All diesen Anlagen gemein ist, dass sie – mit Ausnahme der zwar schön über dem Meer, aber auf einem beengten Grundstück gelegenen Fundació Miró – eingebunden sind in einen suburbanen Villenpark mit Aussicht auf eine schöne, von Menschenhand gestaltete Natur. Dies gilt in idealer Weise für die auf dem Gelände des Berower-Gutes errichtete Fondation Beyeler.

Dieser aus dem 18. Jahrhundert stammende, aber bis ins 16. Jahrhundert zurückreichende Herrensitz befindet sich am Nordausgang der Basler Vorstadt Riehen nur wenige hundert Meter von der deutschen Grenze und gut zwei Kilometer von Frank O. Gehrys Vitra Museum in Weil am Rhein entfernt. Versteckt hinter alten Mauern, grenzt er sich gegenüber der Durchgangsstrasse ab, öffnet sich aber auf das parkartige Tal der Wiese und den pittoresken Rebhügel von Tüllingen. In dieser arkadisch anmutenden Umgebung nimmt sich der Museumsneubau von Renzo Piano bewusst zurück. Die Diskretion des architektonischen Auftritts passt zum Auftraggeber, der Basel mit der von ihm mitbegründeten Kunstmesse und mit massgeblich von ihm unterstützten internationalen Ausstellungen bedeutende kulturelle Impulse vermittelt hat, sich aber gleichwohl stets bescheiden im Hintergrund hält.

Der Bezug zur Landschaft

Blickt man aus den Rebbergen jenseits der Grenze auf das Museum, so ruft das langgestreckte, flach in die Landschaft und den kleinen Park eingebettete Bauwerk Erinnerungen wach an Mies van der Rohes 1942 entworfenes, aber nie realisiertes Projekt eines «Museums für eine kleine Stadt». Von dem nur aus der Ferne in seinen wahren Dimensionen zu erfassenden Gebäude ist nach dem Betreten des Parks einzig die pavillonartige Eingangsfront im Süden oder – in diagonaler Verkürzung – die Westfassade sichtbar. Diese Zurückhaltung drängte sich – laut Piano – schon deswegen auf, weil «viele der jüngst entstandenen Museen offensichtlich nicht realisiert wurden, um dem Kunstwerk zu dienen, sondern um die Architektur ins richtige Licht zu rücken. Dieser Versuchung nachzugeben, wäre ein grosser Fehler gewesen bei einer Sammlung dieser Bedeutung und dieser Natur.»[23]

Damit schlägt sich Piano in der gegenwärtigen Museumsdiskussion entschieden auf die Seite der Kunst und der sich durch immer exzentrischere Ausstellungs-

Südteil des Museums, Ansicht von Westen

Ludwig Mies van der Rohe,
Museum für eine kleine Stadt, Projekt, Skizze, 1942

[23] *Renzo Piano im Gespräch mit Philip Jodidio. Philip Jodidio:*
«Mise en lumière», in: Sondernummer Connaissance des Arts. Nr. 120, 1998, S. 8.

Luftaufnahme Richtung Norden, 1997, unten links: Berower-Villa

Eduardo Souto Moura, Casa das Artes, Porto, 1991

maschinen verunsichert fühlenden Künstler. Er nimmt so die wohl extremste Gegenposition ein zu Peter Eisenman, einem theoretischen Vordenker des architektonischen Dekonstruktivismus. Dieser kommentierte sein 1982–89 erbautes, in der Architekturszene fasziniert aufgenommenes, von den Künstlern und vielen Kuratoren aber mehr als nur beargwöhntes Wexner Center for the Visual Arts in Ohio mit den Worten: «Architektur sollte die Kunst herausfordern. Wir müssen dieses Verständnis von Architektur als dienender Profession verdrängen. (...) Die Kunstkritiker verabscheuen meinen Bau, die Kuratoren auch. Warum? Weil er sie zwingt, erneut über das Verhältnis von Gemälde und Raum nachzudenken. In Museen möchten selbst die radikalsten Künstler, dass die Architektur klein beigibt und als Sockel oder Staffelei fungiert.»[24]

Piano hat sich aber bei der Fondation Beyeler wie zuvor schon bei der Menil Collection nicht nur intensiv mit dem Sammler und der Sammlung, sondern auch mit dem Ort, seiner Geschichte und seinen Stimmungen auseinandergesetzt. Die Begrenzungsmauer zur Strasse hin, die schon dem alten Berower-Gut Halt und Intimität verliehen hatte, diente Piano – wohl mit einem Blick auf Gardella – wie selbstverständlich als planerischer Ausgangspunkt. Er ist nämlich davon überzeugt, dass die Idee «dem Ort eingeschrieben» war. Mehr noch erweist sich die parallel zur Strasse, zum Fluss und zum Tal verlaufende Mauer als die eigentliche «Bildungszone, aus der die ganze Architektur hervorgeht».[25] Auf eine erstaunlich ähnliche Lösung war schon Eduardo Souto Moura gekommen, als er seine 1981–91 realisierte Casa das Artes in Porto in die Begrenzungsmauer einer Vorstadtvilla integrierte, so dass der mit grob gebrochenem Granit verkleidete und an zwei Stellen von spiegelnden Fensterflächen durchbrochene Neubau im üppigen Grün des Gartens heute fast nicht mehr zu erkennen ist.

[24] *Peter Eisenmann, «Schwache Form». In: Architektur im Aufbruch. Neue Positionen zum Dekonstruktivismus. Hrsg. Peter Noever. Prestel, München 1991. S. 39.*

[25] *Markus Brüderlin: «Museum der Fondation Beyeler in Riehen bei Basel», in: Domus, 11, 1997, S. 60.*

[26] *Markus Brüderlin. op. cit. (Anm. 25), S. 60.*

Während aber Souto Moura nur zwei Granitwände parallel zur ursprünglichen Begrenzungsmauer stellte, staffeln sich in Riehen westlich der Strassenmauer im Abstand von sieben Metern vier rund 115 Meter lange und in kleinerer Distanz drei kürzere parallele Mauerstücke, die den 35 Meter breiten Baukörper definieren. Im Gebäudeinnern sind diese Mauern allerdings in Pfeiler und dazwischen gespannte, nichttragende Wände aufgelöst. Damit gibt Piano im Innenraum die von Klenze und Kahn übernommene Idee der parallelen Raumschichten weitgehend preis, denn anders als beim Kimbell Art Museum mit seinen parallel geführten Tonnengewölben lässt sich die ursprüngliche planerische Konzeption hier an der Decke nur von einem geübten Auge ablesen – sind doch die anstelle der Mauern sich von Pfeiler zu Pfeiler ausdehnenden Stahlträger unter der Decke nur schwach zu erkennen.

Die dem leicht abschüssigen Ort entsprechend an Terrassenmauern erinnernden Aussenwände sind – in Anlehnung an den lokalen Sandstein – mit rötlichem Porphyr aus Patagonien verkleidet. Indem sie in den Park auslaufen, «wird andeutungsweise eine Verschränkung der Architektur mit der Natur erreicht. Nach Piano sollen die Gebäudemauern den Eindruck vermitteln, als gehörten sie zum Gelände und ragten als statisches, geologisches Element aus dem Untergrund auf. Hinzugekommen sei lediglich das transparente Glasdach, das sich wie ein Schmetterling auf den Mauern niedergelassen und seine Flügel ausgebreitet habe.»[26]

Initiationsweg

Beim Betreten des Berower-Gutes fällt einem zunächst die Villa auf, in der – in ebenso sinnvoller wie kunstfreundlicher Funktionstrennung – die Verwaltung und das Museumscafé untergebracht sind. Wendet man sich dann nach rechts, so bezaubert einen Pianos Neubau mit dem heiteren Bild einer pavillonartigen Architektur, die sich mit vier roten Porphyr-Pfeilern aus einem Seerosenteich erhebt und etwas von der verspielten Leichtigkeit der fünfziger Jahre atmet. Diese fast zierliche Erscheinung in der Art einer Folly, eines kleinen Gartenhauses, macht vergessen, dass es sich bei der Fondation Beyeler im Grunde um ein Bauwerk handelt, das gut ein Viertel der Parkfläche bedeckt und dessen 115 Meter lange, auf den Schmalseiten im Norden und im Süden verglaste Raumschichten eine scheinbar beliebig mögliche Verlängerung andeuten, gleichsam als lineare Antwort auf Le Corbusiers Quadrat und Spirale vereinenden Entwurf des «Musée à croissance illimitée» von 1939.

Dass dieser Baukörper trotz seiner beachtlichen Grösse den intimen Rahmen des von den Basler Landschaftsarchitekten Paul Schönholzer und Jochen Wiede teils restaurierten, teils neugestalteten Parks nicht sprengt, hängt mit seiner subtilen Einfügung ins Grüne zusammen, aber auch mit der Tatsache, dass der Bau sich mit der in Pfeiler aufgelösten Eingangsfassade, über der ein weisses Glasdach schwebt, etwas verträumt im Seerosenteich spiegelt. Diese Wasserfläche kündet dem Besucher nicht nur Monets Nymphéas, ein Hauptwerk der Sammlung, an. Sie erinnert – zusammen mit den Pfeilern und Mauern aus rotem Stein – bald an ein antikes Nymphäum, bald an eine schattige Grotte oder an die im Wasser sich spiegelnden Säulen der Villa Hadriana bei Tivoli. Diese glückliche Inszenierung, die viel zur einzigartigen Stimmung der Fondation Beyeler beiträgt, erfüllt erstaunlicherweise einen ganz ähnlichen Zweck wie die monumentale Treppenanlage von Sempers Kunsthistorischem Museum in Wien. In beiden Fällen handelt es sich nämlich um eine Art Initiationsweg, der die Besucher in Wien durch ein architektonisch-künstlerisches Programm, in Riehen aber durch eine romantisch inszenierte Natur hinführt zur reinen Kunst.

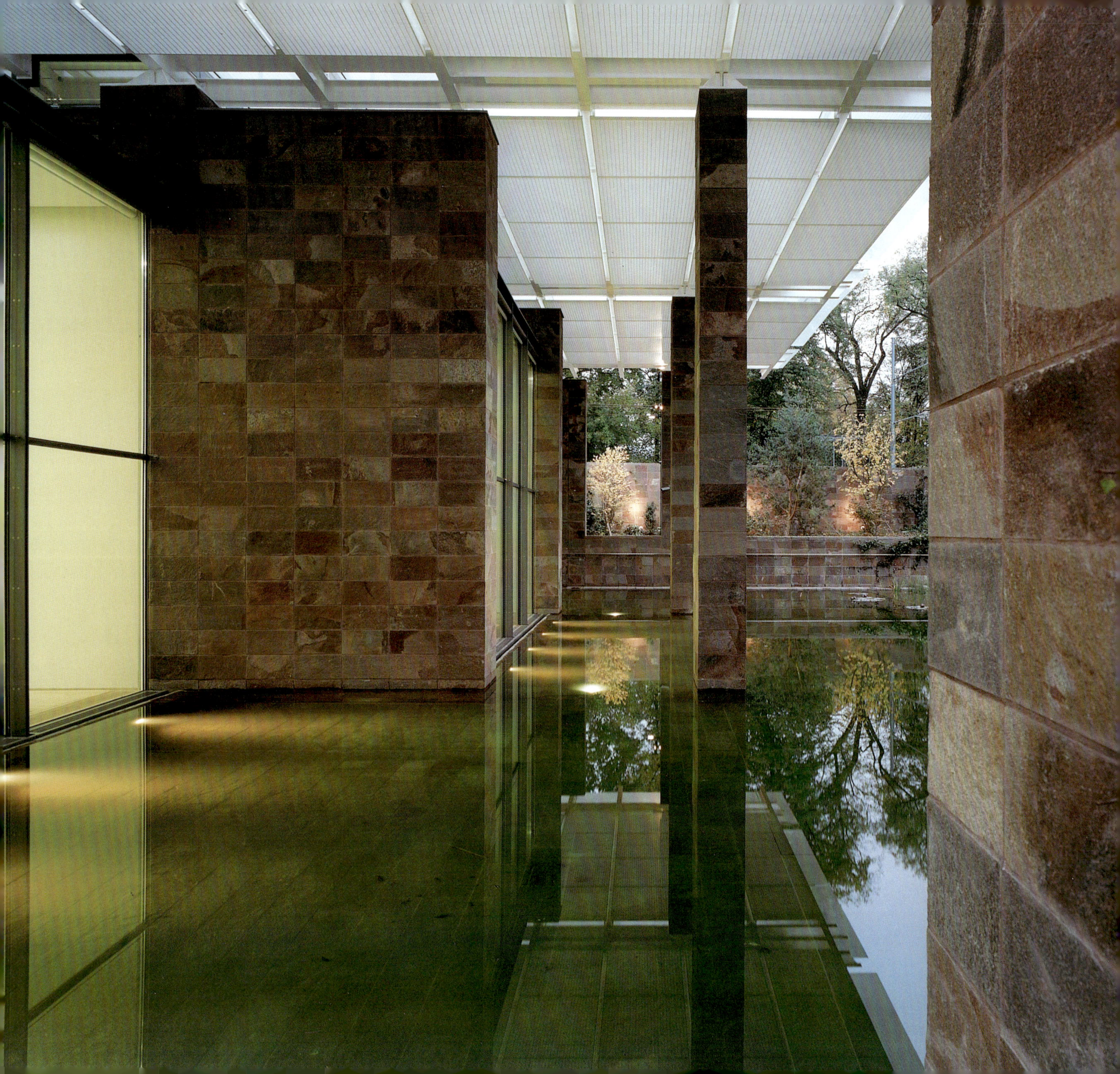

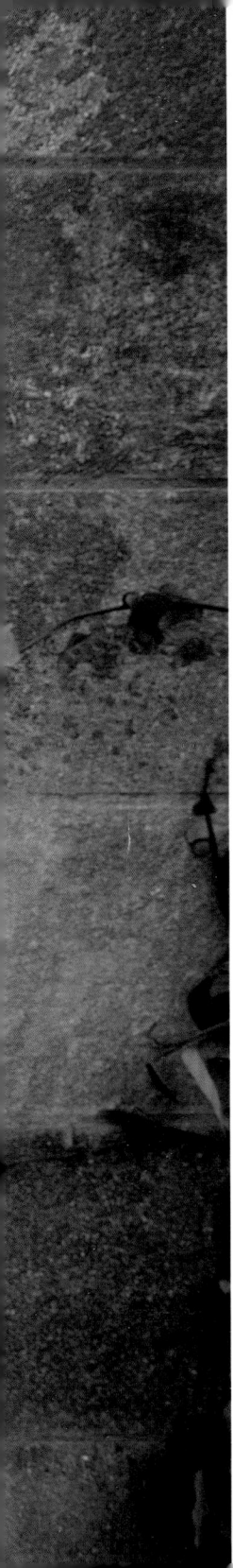

Das Tempelmotiv

Die Bedeutung des Wassers als natürlicher Spiegel der Kunst hatten schon Scarpa bei der Erweiterung der Gipsoteca Canoviana in Possagno und der durch einen Romaufenthalt sensibilisierte Kahn beim Bau des Kimbell Art Museum in Fort Worth erkannt. In der Ineinanderblendung von Natur und Kultur geht Piano jedoch entschieden weiter als Kahn oder Scarpa und nähert sich der Anlage des Louisiana Museums in Humlebæk von Vilhelm Wohlert und Jørgen Bo, deren bungalowartig flache Bauten in ihrer poetischen Bescheidenheit eng mit dem Park, dem Teich und dem Meer verwoben sind.

Der modernistische Optimismus, den dieser älteste Teil des Louisiana Museums verströmt, wird beim Museumsbau in Riehen gleichsam elegisch gebrochen. Denn die aus dem Wasser sich erhebenden Säulen scheinen einem versunkenen Musentempel anzugehören. Sowohl von seiner äusseren Form wie auch vom Plan her wirkt Pianos Bau wie die freie Interpretation eines archaischen Amphiprostylos-Tempels oder vielmehr von dessen Ruine. Wohl noch nie zuvor wurde in der Museumsarchitektur die bis auf die griechischen Schatzhäuser zurückreichende Tempelvorstellung derart romantisch umgesetzt, und dies obwohl heute die Idee des Musentempels zu einem verbreiteten Topos geworden ist.

Die Tempelform, mit der bereits Schinkels Altes Museum in Berlin und Klenzes Glyptothek in München kokettierten, findet sich in der Avantgardearchitektur noch an der Schwelle zur klassischen Moderne bei der Eingangshalle von Karl Mosers Zürcher Kunsthaus. Sie geriet dann aber schnell aus dem Blickfeld der nachstrebenden Architektengenerationen. Erst 1968 erlebte sie mit Mies van der Rohes an Schinkel inspirierter Neuer Nationalgalerie in Berlin als stark abstrahiertem «Tempel des industriellen Bauens» eine triumphale Rückkehr. Aber auch in der in architektonischen Belangen

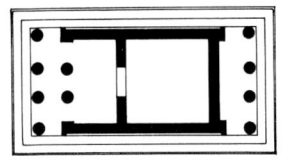

Vilhelm Wohlert, Jørgen Bo, Louisiana Museum, Humlebæk, 1958

Südfassade, Ansicht von Süden mit Giacometti-Saal, Fondation Beyeler

Grundriss eines Amphiprostylos-Tempels: auf beiden Schmalseiten ist eine Säulenhalle vorgestellt; die Längsseiten sind jedoch säulenlos.

eher konservativen Neuen Welt entstanden in den sechziger Jahren mit Philip Johnsons Sheldon Memorial Art Gallery der University of Nebraska in Lincoln, dem Rose Art Center Massachusetts von Harrison & Abramowitz sowie mit dem von SOM realisierten Anbau an die Albright-Knox Art Gallery in Buffalo gleich mehrere modernistische Abwandlungen des Tempelmotivs.

Eine Ruine mit Schutzdach

In der Fondation Beyeler, die mit grob gehauenem Stein und High-Tech eine neue Archaik begründet, lebt neben der Vorstellung des Kunsttempels – der im deutschsprachigen Kulturgebiet zurückreicht bis auf Wilhelm Heinrich Wackenroders «Herzensergiessungen eines Kunstliebenden Klosterbruders» von 1797 – die Ruinenromantik des 18. Jahrhunderts weiter. Die in den Park auslaufenden Museumsmauern blicken wie die Reste eines älteren Gebäudes aus dem Boden; und die Pfeilerstümpfe, über denen das Glasdach schwebt, beschwören das Bild eines ins Wasser abgesunkenen Gebäudes. Dieser poetische Effekt war von Piano offensichtlich gewollt, verglich er selbst doch die Aussenmauern des Museums mit römischen Ruinen, von denen «Piranesi sehr wohl eine Zeichnung (...) hätte anfertigen können».[27] Die so evozierte Stimmung wird aber gleich wieder relativiert durch den nicht ganz unproblematischen Übergang von Pfeilern und Mauern zum Dach. Da dieser konstruktiv nicht ganz gelöst ist, entsteht der Eindruck einer antiken Ruine unter einem temporären Schutzdach. Wagt man sich entwicklungsgeschichtlich gar noch weiter zurück, so lässt sich die Anlage als «Versuch einer Wiederaufnahme des altertümlichen Akts zur Errichtung eines Unterstands in einer Landschaft»[28] interpretieren.

Solche Spekulationen haben allerdings mehr mit der Erscheinung als mit der Realität zu tun. Denn im Grunde verkörpert das über den schweren Mauern schwebende

Philip Johnson, Sheldon Memorial Art Gallery, University of Nebraska, Lincoln, 1963

[27] *Renzo Piano im Gespräch mit Philip Jodidio. Philip Jodidio. op. cit. (Anm. 23), S. 12.*

[28] *Françoise Fromonot: «Un moment du paysage», in: Architecture d'aujourd'hui, No. 308, Dezember 1996, S. 37.*

«Die in den Park auslaufenden Museumsmauern blicken wie die Reste eines älteren Gebäudes aus dem Boden; und die Pfeilerstümpfe, über denen das Glasdach schwebt, beschwören das Bild eines ins Wasser abgesunkenen Gebäudes.»

Schnitt durch Südteil des Museums mit Weiher

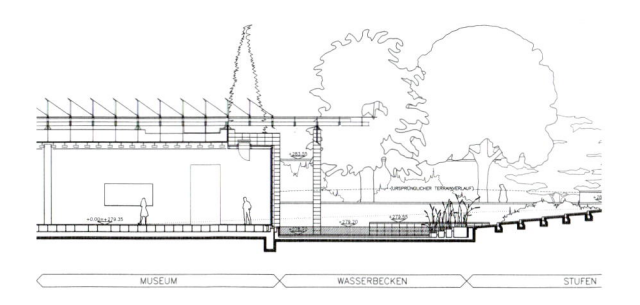

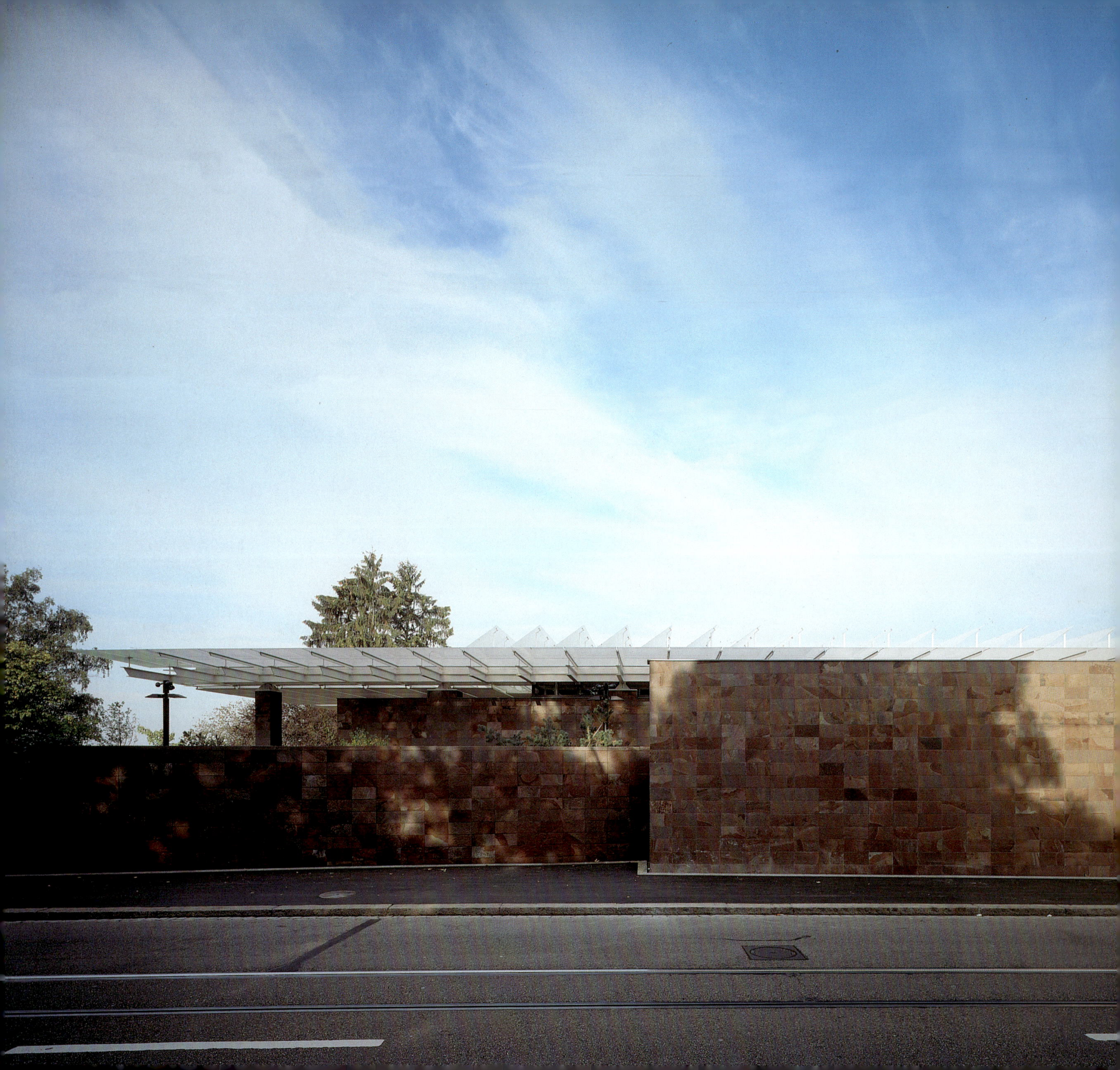

Dach noch immer die erstmals beim Centre Pompidou erprobte Idee der an den Aussenbau verbannten High-Tech-Anlagen, die – ausgehend von Kahn, mit dem Piano einst zusammengearbeitet hatte – die dienenden Aufgaben des Museums erfüllen. Der mehrschichtige Dachaufbau mit shedartig aufgesetzten Glasscheiben entpuppt sich denn auch mit seinen Dämmschichten und verstellbaren Lamellen als eigentliche Licht- und Klimamaschine. Wie schon Kahn in Fort Worth wollte sich Piano nicht einfach mit der Übernahme eines bewährten Vorbilds zufriedengeben. Vielmehr suchte er nach einer neuen, ebenso innovativen wie wegweisenden Lösung. Diese ergab sich aus einer kritischen Neuinterpretation der Oberlichtkonstruktion der Menil Collection und des 1995 vollendeten Cy-Twombly Museums in Houston. Während in der Menil Collection das Oberlicht durch flossenartige Lamellen sichtbar reguliert wird und das Dach beim Cy-Twombly Museum aus mehreren Lagen besteht, bilden in Riehen Oberlicht und Dachkonstruktion eine opake, waffelartige Schicht. Diese wird von einem Gitter aus weissen Stahlbalken getragen, das in Form von kapitellartigen Gelenken auf den Mauern und Pfeilern lagert.

Gezielt verschleiert Piano die innere Struktur dieses abstrakten Baldachins, womit er eine aktuelle Tendenz der neuen Deutschschweizer Architektur aufnimmt. Im Grunde aber verbirgt sich in diesem gläsernen Aufsatz Pianos intensive Auseinandersetzung mit der Entwicklungsgeschichte der modernen Oberlichtkonstruktion. Von experimentellem Interesse war bereits die das senkrecht einfallende Tageslicht umlenkende Lamellenkonstruktion, die A. J. van der Steur 1935 im Boymans-van-Beuningen Museum in Rotterdam erprobt hatte. Nach dem Krieg wurde sie von Ignazio Gardella im Padiglione d'arte contemporanea in Mailand, von Hans und Kurt Pfister im Bührletrakt des Zürcher Kunsthauses

Eingangs-Rampe

Ansicht von Osten mit Baselstrasse und Mauer

Guy Lagneau, Michel Weill, J. Dimitrijevic, R. Audigier,
Musée des Beaux Arts, Le Havre, 1961

Sverre Fehn, Nordischer Pavillon, Biennale, Venedig, 1961

James Stirling, Staatsgalerie, Stuttgart, 1983

(1955–58) sowie von Sverre Fehn beim Nordischen Pavillon der Biennale von Venedig weiterentwickelt und 1961 in Form eines über dem Glashaus des Kunstmuseums von Le Havre tischartig auf feinen Stahlpilotis schwebenden Aluminiumrostes auf höchst unkonventionelle Weise von Guy Lagneau, Michel Weill, J. Dimitrijevic, R. Audigier uminterpretiert. Kombiniert man die Erfindungen von Gardella und Pfister mit dem Schwebedach von Le Havre und dem dreischichtigen Oberlicht von Sverre Fehns Pavillon, so kommt das Resultat der Lösung von Pianos Riehener Waffeldach erstaunlich nahe.

Räume für die Sammlung

Da zur Präsentation der Beyeler-Sammlung keine spektakulär auftrumpfende Architektur als Rahmen gewünscht war, zieht auch kein monumentales Portal die Aufmerksamkeit auf sich. Dennoch bewegt man sich, vom Park her kommend, ganz selbstverständlich dem Seerosenteich entlang zum Eingang – und dies, obwohl er nicht in der Symmetrieachse, sondern seitlich davon in das fünfschiffige Gebäude führt. Vorbei an Garderobe, Kasse und Bücherstand gelangt man zur zentralen, mit grossen dekorativen Kunstwerken und Sitzgelegenheiten gestalteten Innenplaza.

Die im Grundriss T-förmige Lobby, die in der Längsrichtung des Gebäudes Ausblicke nach Norden und nach Süden in den Park gewährt, lässt den leicht symmetrischen, entfernt an Schinkels Altes Museum erinnernden Grundriss erahnen, der dieses Werk ähnlich wie das Cy-Twombly Museum als Neuinterpretation einer rational geklärten Beaux-Arts-Architektur ausweist. Doch anders als es dieser Tradition entsprechen würde, öffnet sich hier kein monumentaler Eingang zur Strasse. Die mit Ausnahme des Längsdurchblicks introvertierte Plaza bildet Ausgang und Ziel des Rundgangs. Diesen können die Besucher individuell gestalten auf Grund der von Piano bei der Auf-

Eingang, nach Bau des Kassahauses Ende 1998

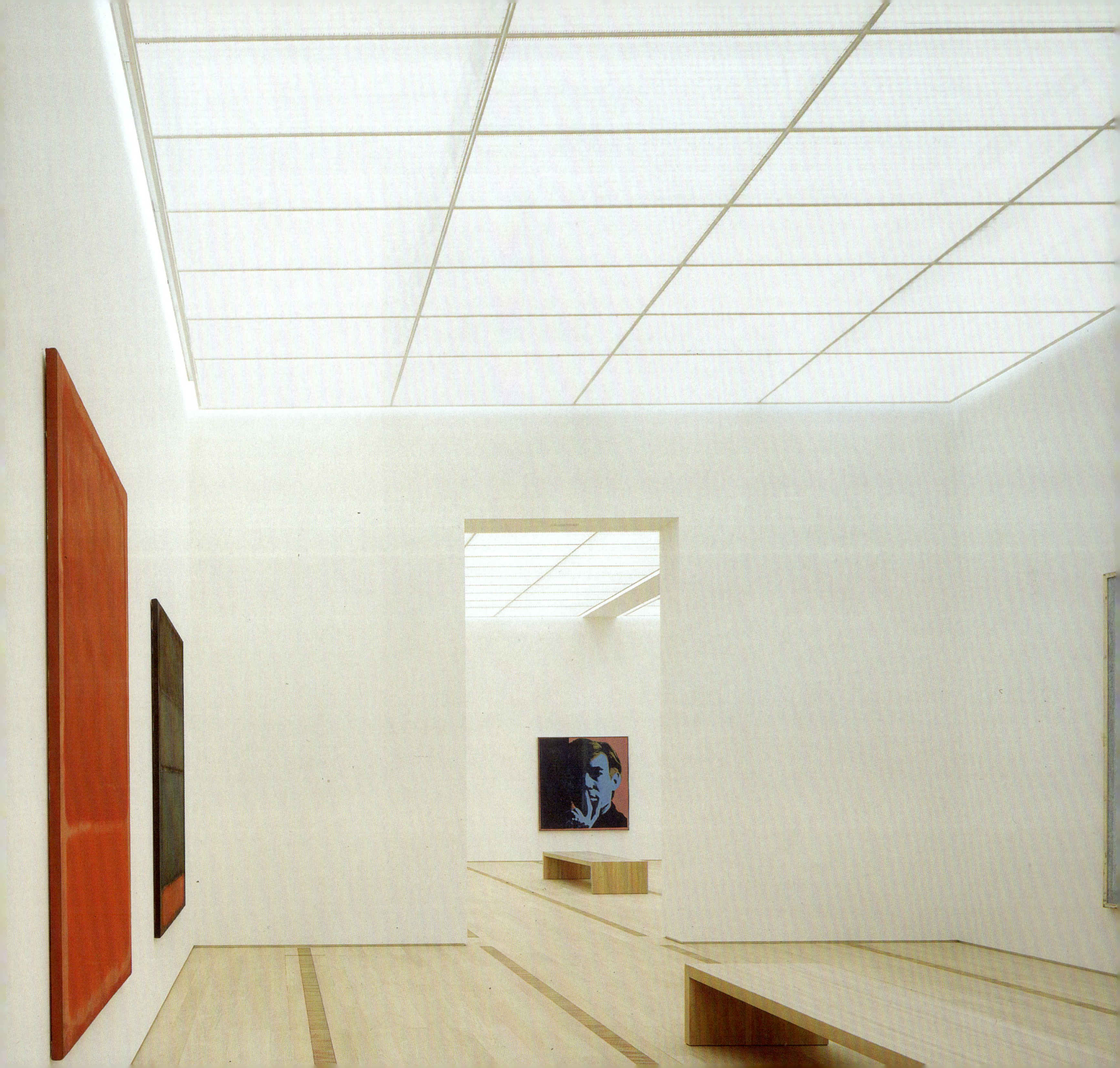

teilung des Inneren angewandten Mischung zweier museologischer Ideale, dem des fliessenden Ausstellungsraums der Moderne und jenem der klassischen Enfilade, wie sie von James Stirling in der Stuttgarter Staatsgalerie mit Rückgriff auf Schinkel und Klenze erneut zur Diskussion gestellt worden war. «Es existiert keine strenge, lineare Saalfolge, sondern eine ungefähre Lenkung, an der sich der Besucher orientieren kann, damit er an jedem Punkt weiss, wo er sich befindet und wieviel noch vor ihm liegt.»[29] Diese Anordnung der Ausstellungsräume überrascht, denn der durch die parallele Mauerführung fünfschiffige Grundriss mit den drei für die Kunst reservierten «Mittelschiffen» und den beiden der Erschliessung und der Erholung dienenden schmaleren «Seitenschiffen» lässt klar strukturierte, parallele Folgen von weitgehend identischen Sälen vermuten.

Ausgehend von dem durch die Pfeilerstellung vorgegebenen Grundmodul von 7 x 11 Metern konnte Piano wohlproportionierte, auf die Ansprüche der jeweiligen Exponate eingehende Räume unterschiedlicher Grösse schaffen, ähnlich jenen, die Venturi und Scott Brown für den Sainsbury Wing der Londoner National Gallery entwarfen. Damit war es ihm möglich, das Prinzip der flexiblen Stellwände, wie es – dem Credo der fünfziger und sechziger Jahre entsprechend – etwa dem Bührle-Trakt des Kunsthauses Zürich, Ze'ev Rechters Helena Rubinstein Pavillon in Tel Aviv oder (mit einer stelenartigen Stellwand pro Gemälde ins Extreme gesteigert) Lina Bo Bardis Kunstmuseum von São Paulo innewohnt, mit dem starren Raumsystem des klassischen Museumsbaus zu vereinen. Dennoch ist das Resultat beim Museumsbau in Riehen eine fixe, der klar umrissenen Privatsammlung entsprechende Wandstruktur, die nur im nördlichen, den Wechselausstellungen vorbehaltenen und jetzt erweiterten Museumsbereich durch flexible Einbauten ergänzt wird.

Gang mit Foyer (links) und Art Shop (rechts), Richtung Norden
Renzo Piano, Cy-Twombly Museum, Houston, 1995

[29] Markus Brüderlin. op. cit. (Anm. 25), S. 60.

Blick vom Rothko- in den «Amerikaner»-Saal (Saal 13 und 11) mit Mark Rothko «Red (Orange)» (1968) (1. von links) und «Red-Brown, Black, Green, Red» (1962) (2. von links), Mark Tobeys «Oncoming White» (1972) (rechts) und Andy Warhols «Self-Portrait» (1967) (Mitte)

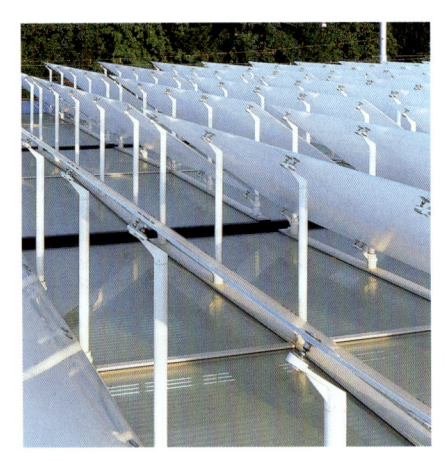

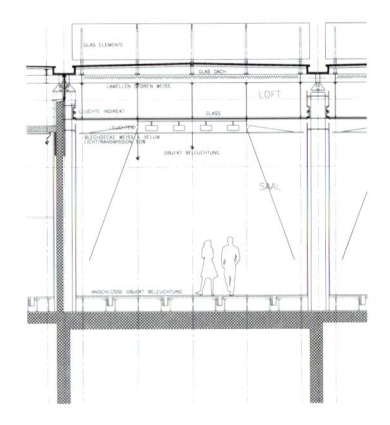

Details: Glasdach mit den shedartig aufgesetzten Brises-soleil

Lichtführung: Schnitt durch einen
Ausstellungsraum mit Loft und Glasdach

Die Quadratur des Zirkels

Durch die Raumaufteilung und die Festlegung der Durchgänge entstehen streckenweise leicht labyrinthartige Sequenzen. Dies bewegte Ernst Hubeli, den bis anhin einzigen Kritiker, der eine diskutable Negativanalyse des Baus in Riehen vorgelegt hat, zu beanstanden, dass Piano die parallelen Raumschichten des Gebäudes – wie übrigens schon vor ihm Kahn beim Kimbell Art Museum – nicht zur naheliegenden Anordnung der Ausstellungsräume in Form einer Enfilade mit Längs- und Querdurchblicken nutzte. Dadurch erzeugen seiner Ansicht nach «irgendwie hineingestellte Wände (…) ein unbeabsichtigtes Labyrinth von Kammern». Dieses unterscheide sich entschieden vom «feinsinnigen Raumkonzept» der Menil Collection in Houston, das sich auszeichne durch einen «fliessenden, offenen Grossraum, in den Ausstellungsräume wie verselbständigte Kojen und Kabinette gesetzt sind». Kurz: der Fondation Beyeler fehle der «Wechsel von Kunstversenkung und zurückhaltender Wirklichkeitspräsenz», der «die Aura verträglichen» würde, «ohne sie zu zerstören».[30]

Dass es sich bei dieser Sicht der Dinge um eine höchst theoretische handelt, wird wohl jeder Besucher des Museums bestätigen, der auf seinem Rundgang aus geschlossenen Raumsequenzen immer wieder in Säle gelangt, die sich auf Park und Landschaft öffnen und in denen dank dem visuellen Bezug zur Aussenwelt die Aura sehr wohl «verträglich» wird. Gerade durch das Verwehren des grossen Durchblicks baut sich die Spannung stets wieder von neuem auf, eine Tatsache, die neben der Qualität der Exponate mitverantwortlich dafür ist, dass dieses Museum beim Publikum so gut ankommt. Schon der international anerkannte Kurator und Museologe Pontus Hulten plädierte dafür, bei aller Bedeutung einer vom Besucher nachvollziehbaren Raumfolge solle man aus dem «Wegsystem kein Prinzip machen, denn gerade in kleineren Museen kann es ebenso schön sein, Komplikationen, Sackgassen, Einbuchtungen und seltsame Räume vorzufinden, die man entdecken kann».[31]

In einigen Sälen kann man sehr direkt nachvollziehen, wie gezielt das architektonische Konzept auf die Sammlungsbestände abgestimmt wurde. Am glücklichsten zeigt sich dies zweifellos im Raum mit Monets Nymphéas, die ganz unmittelbar Bezug nehmen auf den Seerosenteich auf der anderen Seite der wandhohen Fenster. Als nicht weniger interessant erweist sich der Raum mit Alberto Giacomettis Bronzefiguren. Wie bereits erwähnt, erinnert dieser erstaunlich stark an den die Grenzen zwischen Innen und Aussen verwischenden Saal mit den «Drei Grazien» in Carlo Scarpas Gipsoteca Canoviana von Possagno, aber auch an den zweiten Oberlichtsaal des Louisiana Museums mit seiner Sicht auf Pool und Park.

Allen drei Beispielen ist neben dem Naturbezug die kontemplative Stimmung und eine geradezu japanisch anmutende Transparenz und Leichtigkeit gemein. Neben den auf den Park gehenden Sälen der Fondation Beyeler kommt innerhalb des Ausstellungsrundgangs auch dem Wintergarten mit seiner schönen Aussicht auf das Tal der Wiese und die Rebberge von Tüllingen eine wichtige

Rolle zu. Er übernimmt eine ähnliche Funktion wie die vom übrigen Ausstellungsbereich leicht separierte, zum Park hin völlig verglaste Skulpturenhalle von Gardellas Padiglione d'arte contemporanea in Mailand, nur dass hier keine Exponate ablenken von der als Erholung von der Kunstbetrachtung gedachten Aussicht auf die Landschaft oder vom Studium der von der kleinen Bibliothek bereitgestellten Bücher und Zeitschriften.

Lichtführung und Raumgestaltung

In den nach aussen offenen Räumen erzeugt das direkt einfallende Tageslicht wechselnde atmosphärische Stimmungen. Dadurch herrscht hier eine Leichtigkeit und Heiterkeit, die für die gleichförmige Beleuchtung jener Oberlichtsäle entschädigt, die keinen direkten Aussenkontakt haben. Denn anders als in Kahns Kimbell Art Museum mit seinem Wechsel von grünlichem, aus dem kleinen Eichenhain einfallendem Seitenlicht und dem zenitalen «Silberlicht», von dem auch noch Pianos Menil Collection profitiert, wirkt in den inneren Räumen der Fondation Beyeler das Licht – trotz oder wohl eher wegen der raffinierten Tages- und Kunstlichttechnik – sehr ruhig. Hier wird so gekonnt gefiltert und mit Lamellen operiert, dass der durch den Tagesverlauf gegebene Lichtwechsel kaum mehr zu spüren ist. Dadurch entsteht ein gleichmässiges graues Licht, wie man es von winterlichen Hochnebellagen her kennt.[32]

Diesem für die Bilder günstigen, in den Augen mancher Besucher aber etwas ermüdenden Licht kann man jedoch durch einen Schritt in den Wintergarten oder in die zum Park hin offenen Ausstellungsräume leicht entfliehen. Anderen das Raumempfinden prägenden Faktoren lässt sich hingegen nicht so leicht ausweichen. Gewiss: in kaum einem anderen Museum wurden all die nötigen technischen und signaletischen Einrichtungen und Zeichen so geschickt kaschiert wie in der Fondation

Details: Wand mit Schattenfuge, Lüftungskanäle

[30] Ernst Hubeli: «Museum Fondation Beyeler», in: Werk Bauen Wohnen, 1/2, 1998, S. 28.

[31] Pontus Hulten: «Versuch, ein guter Bauherr für Museen zeitgenössischer Kunst zu sein», in: Kunst im Bau. Hrsg. Kunst- und Ausstellungshalle der Bundesrepublik Deutschland. Schriftenreihe Forum. Band 1. Steidl, Göttingen 1994, S. 40.

[32] In der Zwischenzeit wurde die Oberlichtmaschine feiner eingestellt, so dass man an schönen Abenden durch das Velum und die Lamellen den Himmel sehen kann.

Beyeler. So sind zwar optisch ruhige, aber nicht jene in sich ruhenden Räume entstanden, wie man sie von Annette Gigons und Mike Guyers Kirchner Museum in Davos her kennt. In deren klar definierten, exakt proportionierten und sorgfältig materialisierten Räumen lenkt nichts den Blick vom Kunstwerk ab. Die schweren weissen Mauern scheinen aus dem Parkettboden zu wachsen. Darüber schliesst eine Staubdecke den Saal fugenlos ab. Das Resultat ist kein anonymer «White Cube», sondern ein Raum mit ausgeprägter, aber nicht aufdringlicher Identität, wie ihn die Kunstwerke der Moderne zur Selbstentfaltung brauchen.

Auch in der Fondation Beyeler sind die Ausstellungssäle wohl proportioniert, und sie besitzen ebenfalls Charakter. Doch sind sie räumlich weniger bestimmt. Dies zeigt sich schon beim Blick auf das Parkett, das mit dem auffälligen Muster der auf Grund konservatorischer Erkenntnisse im Fussboden eingelassenen Belüftungsöffnungen den Räumen eine auffällige Dynamik verleiht. Zudem liegen die Wände optisch nicht unmittelbar auf dem Boden auf; vielmehr scheinen sie – auf Grund der Schattenfugen – über ihm zu schweben.

Auf diese Weise wird zwar mitgeteilt, dass den Wänden trotz ihrer Dicke keine tragende Funktion mehr zukommt. Sie geben vor, nur noch der Kunstpräsentation zu dienen. Dabei verbergen sie als sandwichartige Architekturelemente in ihrem Innern die tragenden Pfeiler und die technischen Installationen. Diese Mehrdeutigkeit hat zusammen mit dem durchscheinenden Dach, das seinerseits nicht auf den Wänden lagert, einen etwas unbestimmten Raumeindruck zur Folge, der am ehesten mit dem «Floating Room» von Bruce Nauman zu vergleichen ist.[33] Diese Feststellung bedeutet jedoch nicht, dass Piano bei der Raumgestaltung so weit hätte gehen müssen, wie Jean-Christophe Ammann, der Direktor des Museums für Moderne Kunst in Frankfurt,

Annette Gigon, Mike Guyer,
Kirchner Museum, Davos, 1992

Leo von Klenze, Alte Pinakothek, München, 1836:
restauriertes Treppenhaus von Hans Döllgast

[33] *Markus Brüderlin spricht in seinem anregenden Aufsatz im Zusammenhang mit dieser Unbestimmtheit von der Wand als immateriellem Wandschirm und bringt diese mit der Entwicklung der modernen Malerei in Zusammenhang. Markus Brüderlin, in diesem Band, S. 132 f.*

[34] *Jean-Christophe Ammann. op. cit. (Anm. 13).*

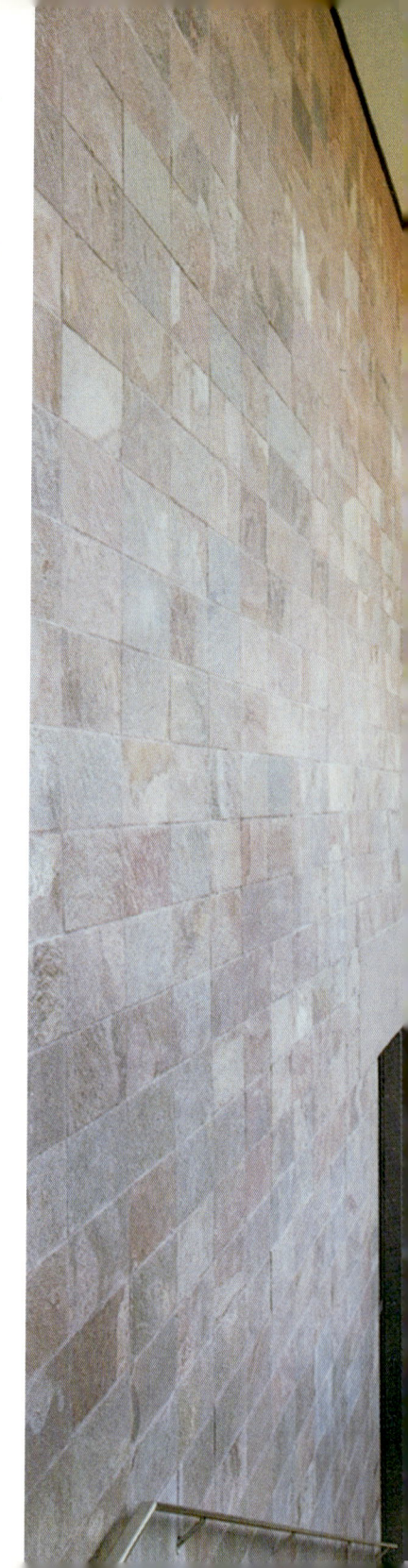

dies wünscht mit seiner Forderung nach klaren, einfachen Raumkanten und Wandabschlüssen sowie nach Hohlkehlen, die – zwischen Wand und Oberlichtdecke vermittelnd – das Licht gleichmässig streuen.[34] Die räumliche Unbestimmtheit der Fondation Beyeler wird ausserdem im Sammlungsbereich des Hauses durch die enorme Präsenz der Exponate korrigiert; und in den nach Norden auf den Park sich öffnenden Sälen, die den Wechselausstellungen vorbehalten sind, erweist sich dann der vage Raumeindruck als durchaus bereichernd, unterstützt er doch den temporären Charakter der Anlässe.

Von diesem Wechselausstellungsbereich aus gelangt man über eine Treppenkaskade (oder mit einem Glaslift) in einen grossen, als Ausstellungs- oder Vortragssaal nutzbaren Mehrzweckraum im Untergeschoss, der verdunkelt werden kann. Bei Abendveranstaltungen, wenn das Museum bereits geschlossen ist, wird dieser direkt vom Park aus betreten, und zwar über eine parallel zur inneren Stiege verlaufende äussere Treppe. Diese erinnert an die grosse, nach den Kriegszerstörungen von Hans Döllgast karg restaurierte Treppenanlage von Klenzes Alter Pinakothek in München. Dabei nimmt der doppelt geführte, parallele Abgang einmal mehr das Thema der hintereinander gestaffelten Raumschichten auf und weist so über Klenze und Kahn hinaus weiter auf das Werk von Piano. In dessen Schaffen hat die parallele Raumschichtung Vorstufen im Centre Pompidou, in den shedartigen Gebäuden von Thomson Optronics in Saint-Quentin-en-Yvelines (1988–91), und – bedeutender noch – in dem nicht realisierten Entwurf aus dem Jahre 1987 für das Museum in Newport Harbor, Südkalifornien, sowie im Piano-Workshop in Vesima bei Genua. Diese 1991 als Glashaus ausgeführte Anlage nimmt ähnlich wie die Fondation Beyeler die Terrassierung des Berghangs auf.

Blick in den Wintergarten, Treppenabgang zum Multifunktionsraum im Untergeschoss, mit einem Werk von Peter Kogler («Ohne Titel», 1988), anlässlich der Sonderausstellung «Face to Face to Cyberspace», 1999

Pavillonarchitektur

All diese Projekte – selbst das Centre Pompidou – lassen sich zurückführen auf Pianos Interesse an Pavillonstrukturen, mit denen er sich im Rahmen der industriellen Leichtbauweise seit Mitte der sechziger Jahre auseinandersetzt. Pianos erste, wohl von den geodätischen Kuppeln Buckminster Fullers beeinflusste Versuche bereiteten das Feld für den Pavillon der italienischen Industrie, den er 1970 für die Expo in Osaka schuf. Kurz darauf realisierte er zusammen mit seinem damaligen Partner Richard Rogers das Bürogebäude der B & B-Italia in Novedrate bei Como (1971–73). Bei dieser pavillonartigen Architektur ermöglichen 20 Rahmenelemente einen stützenfreien Innenraum mit einem darüber schwebenden Dach. Im Freiraum zwischen Dach und eigentlichem Baukörper befindet sich eine Klimazone mit mächtigen Frisch- und Abluftrohren. Diese weist auf das Centre Pompidou voraus, schlägt aber als dienende Zone im Sinne Kahns auch ein Thema an, das in der Lichtmaschine der Fondation Beyeler höchste technische Eleganz erreicht.

Fast alle seit dem Centre Pompidou von Piano entworfenen Museen können als Weiterentwicklungen des Pavillonthemas interpretiert werden: Dieser Prozess setzt ein mit dem Gebäude für die Menil Collection in Houston und wird dann fortgeführt in den Entwürfen für das Museum in Newport Harbor sowie für das im Frühjahr 1998 eröffnete Kulturzentrum J. M. Tjibaou in Nouméa auf Neukaledonien, dessen Pavillonanlage hinter schildartig gewölbten, an die traditionellen Rundhäuser der Kanaken erinnernden Wandschirmen verborgen sind. Im harmonisch in den Park integrierten Riehener Museumsbau schliesslich erreicht das Pavillonthema seine komplexeste formale, typologische und architekturhistorische Vernetzung.

Die beachtlichen Dimensionen dieses auf Dauerhaftigkeit ausgerichteten Ausstellungsgebäudes scheinen zunächst der gängigen Definition eines Pavillons als temporäres, kleines Gebäude zu widersprechen. Da aber selbst Pianos gigantischer Kansai-Flughafen bei Osaka – zumindest vom Flugzeug aus gesehen – in seiner visuellen Leichtigkeit einem ins makroskopische gesteigerten Pavillon gleicht, stellt sich die Frage nach der Ursachen dieses Effekts. Diese finden sich in der Tatsache, dass das Pavillonartige im Schaffen von Piano aus der Konstruktionsweise und dem Materialgebrauch resultiert. Ein Musterbeispiel dafür ist der «wandernde» IBM-Pavillon (1982–88), ein aus einem transparenten Gewölbe bestehender «Kristallpalast» aus Plexiglas, Aluminium und Holz. Verbindet man mit dem Typus des Gartenpavillons die Vorstellungen von Kleinheit, Intimität und Exzentrik, so entsprechen die Aspekte des Temporären und des Leichten, wie sie sich im IBM-Wanderpavillon manifestieren, dem Typus des Ausstellungspavillons. Ein Vertreter dieses zweiten Typus, Mies van der Rohes Deutscher Pavillon für die Weltausstellung von 1929 in Barcelona, war denn auch massgebend bei der Konzeption der Fondation Beyeler. Sein tektonischer Aufbau – über farbig gehaltenen Mauern und Glasscheiben schwebt ein weisses Dach –, der fliessende Übergang zwischen Innen und Aussen und der das Leichte betonende Pool sind Elemente, die man auch in Riehen wieder antrifft.

Doch während der Barcelona-Pavillon als Triumph des neuen Bauens vor allem sich selbst zum Thema hatte und daneben gerade noch der Bronze einer nackten Tänzerin von Georg Kolbe und einer Gruppe des eigens für den Pavillon hergestellten «Barcelona Chairs» Platz gewährte, nimmt sich Pianos Museumspavillon zugunsten der Exponate bewusst zurück. Von seiner Funktion her ist er deshalb eher vergleichbar mit Josep Lluís Serts Pavillon der spanischen Republik von 1937 in Paris, der nicht nur als republikanisches Symbol, sondern mit gezielt politisch eingesetzten Kunstwerken – Picassos

Renzo Piano, IBM-Pavillon, Mailand, 1988

«Guernica», Julio González Eisenplastik «La Montserrat» und Arbeiten von Miró – auch als Kunstmuseum auf Zeit diente. Während diese beiden ephemeren Ausstellungsbauten (der Barcelona-Pavillon wurde 1986 rekonstruiert) dem jungen Piano höchstens aus der Literatur vertraut waren, kannte er die Biennale-Ausstellungspavillons in den Giardini von Venedig aus eigener Anschauung. Hier konnte er Lösungen grosser Architekten – von Aalto über BBPR, Josef Hoffmann und Rietveld bis Scarpa – studieren. Besonders interessant dürfte für ihn aber der 1960 von Sverre Fehn realisierte Skandinavische Pavillon gewesen sein, auf dessen mehrschichtige Oberlichtkonstruktion bereits verwiesen wurde.

Neben der Interpretation des Daches als einem in drei Lagen aufgebauten Lichtfilter muss ihn an Fehns Gebäude auch die räumliche Offenheit zu den Parkanlagen hin fasziniert haben. Bei diesem nur während der Biennalen genutzten Pavillon durfte die Durchlässigkeit soweit gehen, dass Innen- und Aussenraum an gewissen Stellen nicht einmal mehr durch eine Membran aus Glas getrennt werden musste. Diese geradezu japanisch anmutende Öffnung hin zur Natur, die schon Mies van der Rohe beim Barcelona-Pavillon fasziniert hatte, fand auch Eingang in den Villenbau der Moderne. So öffnet sich beispielsweise das 1952 von Richard Neutra realisierte Moore Haus im Oja-Valley, Kalifornien, ganz ähnlich wie die Fondation Beyeler auf einen Teich hin und kommt damit typologisch dem Gartenpavillon nahe.

Pianos Bau in Riehen vereinigt also beide dem Pavillon innewohnende Themen, das der Folly in einem Park und jenes des leichten Ausstellungsbaus. Damit ist er jenem Pavillon ähnlich, den Le Corbusier 1963 für Heidi Weber in Zürich konzipierte und der zwei Jahre später, nach dem Tod des Meisters, in den Grünanlagen am Zürichhorn eröffnet werden konnte. Mit dem Heidi-Weber-Haus genannten Bau teilt die Fondation Beyeler ne-

Le Corbusier, Heidi Weber-Pavillon, Zürich, 1963

Ludwig Mies van der Rohe, Deutscher Pavillon, Weltausstellung Barcelona, 1929

Ansicht von Süden, Herbst 1997

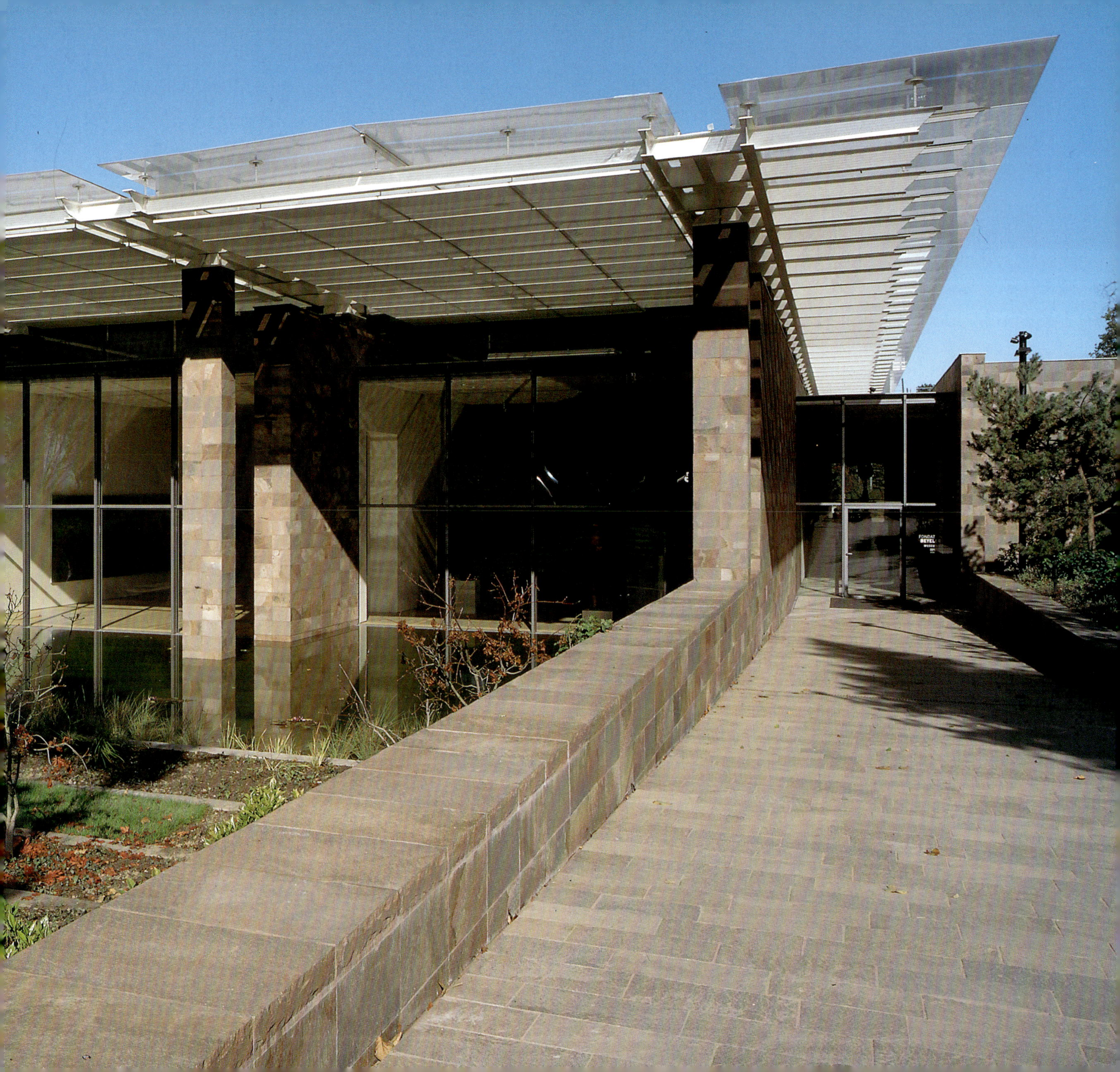

Amerikaner-Saal (Saal 11)

Giacometti-Saal (Saal 6)

ben dem bewussten Changieren zwischen Folly und Ausstellungsgebäude auch die optimistische Heiterkeit. Eine ähnliche Leichtigkeit erreichte Piano zuvor wohl nur in dem einer Produktionshalle vorgelagerten, aber als eigenständige Pavillonarchitektur ausgebildeten Lowara-Bürohaus in Montecchio Maggiore bei Vicenza (1984/85), die mit ihrem expressiv geschwungenen Dach den Geist der fünfziger Jahre – und vielleicht gar jenen von Le Corbusiers Philips-Pavillon auf der Weltausstellung von 1958 in Brüssel – zu beschwören scheint.

Ein Prototyp der zeitgenössischen Museumsarchitektur

Obwohl also in der Fondation Beyeler verschiedene typologische und formale Vorbilder – vom Belvedere-Hof über Klenzes Alte Pinakothek bis hin zur Pavillonarchitektur – zusammentreffen, handelt es sich bei diesem Gebäude nicht um eine eklektische Architektur, sondern vielmehr um einen Prototyp des Museumsbaus im späten 20. Jahrhundert. Unser fin-de-siècle wird zweifellos als eine Blütezeit des Museumsbaus in die Annalen der Architekturgeschichtsschreibung eingehen. Allein im Raum Basel – einem zeitgenössischen Zentrum von Kunst und Architektur – sind in den vergangenen Jahren gleich mehrere interessante Museen entstanden, die verschiedene Aspekte dieser Baugattung in bedeutenden Beispielen repräsentieren und in deren Kontext die Stellung des Museums in Riehen erst voll ermessen werden kann. Auftakt machte 1980 das Museum für Gegenwartskunst, eine vom Basler Architektenpaar Wilfrid und Katharina Steib vorbildlich umgebaute Papierfabrik in einem der ältesten noch erhaltenen, bis ins Mittelalter zurückreichenden Industriequartier Europas. Dieser subtilen, diskret hinter die Exponate zurücktretenden Metamorphose eines Altbaus, die in einem eindrücklichen Oberlichtsaal kulminiert, folgte 1984 das in einem von Diener & Diener umgebauten gläsernen Bürohaus aus den späten fünfziger Jahren im Herzen der Altstadt eingerichtete Architekturmuseum.

Fünf Jahre später eröffnete der Basler Unternehmer Rolf Fehlbaum auf dem Gelände seiner Möbelfirma in Basels deutscher Nachbargemeinde Weil am Rhein das von Frank O. Gehry errichtete Vitra Design Museum – eine ebenso meisterhafte wie exzentrische Raumskulptur, in der neben der firmeneigenen Möbelsammlung auch grosse Design- und Architekturausstellungen effektvoll inszeniert werden können. Das wie eine Arche am Nordufer des Rheins beim Solitudepark verankerte Jean-Tinguely Museum von Mario Botta verkörpert schliesslich den Typus des monographischen Museums. Wie die Fondation Beyeler besitzt auch dieses 1996 eröffnete Gebäude einen Bereich für temporäre Ausstellungen, der den Museumsbetrieb beleben und zum Dialog auffordern soll. Aber noch in einer anderen Hinsicht ist das Tinguely Museum Pianos Bau verwandt: Seine fabrikartige Ausstellungshalle öffnet sich ebenfalls mit grossen, von vorspringenden parallelen Wandscheiben gerahmten Fensterflächen auf die Grünanlage und besitzt eine Ruhe- und Panoramazone (mit Blick auf den Rhein und Basel), die allerdings auch als Rampe ins Obergeschoss dient.

Gleichwohl ist die Fondation Beyeler ein Unikat, und dies nicht nur innerhalb der Basler Museumslandschaft. International gesehen ist es bezüglich Licht, Transparenz und hoch elaborierter Museumstechnologie wohl am ehesten mit Norman Fosters Carré d'Art in Nîmes vergleichbar, bezüglich der räumlichen Reduktion aber mit der Erweiterung des Winterthurer Kunstmuseums von Gigon und Guyer. Während der Bau in Riehen die etwas aufdringliche Rhetorik der Museen von Hollein in Mönchengladbach, Frankfurt und St. Pölten, von Peichl in Frankfurt und Bonn, von Meier in Atlanta und Barcelo-

Mario Botta, Museum Jean Tinguely, Basel, 1996

Norman Foster, Carré d'Art, Nîmes, 1992

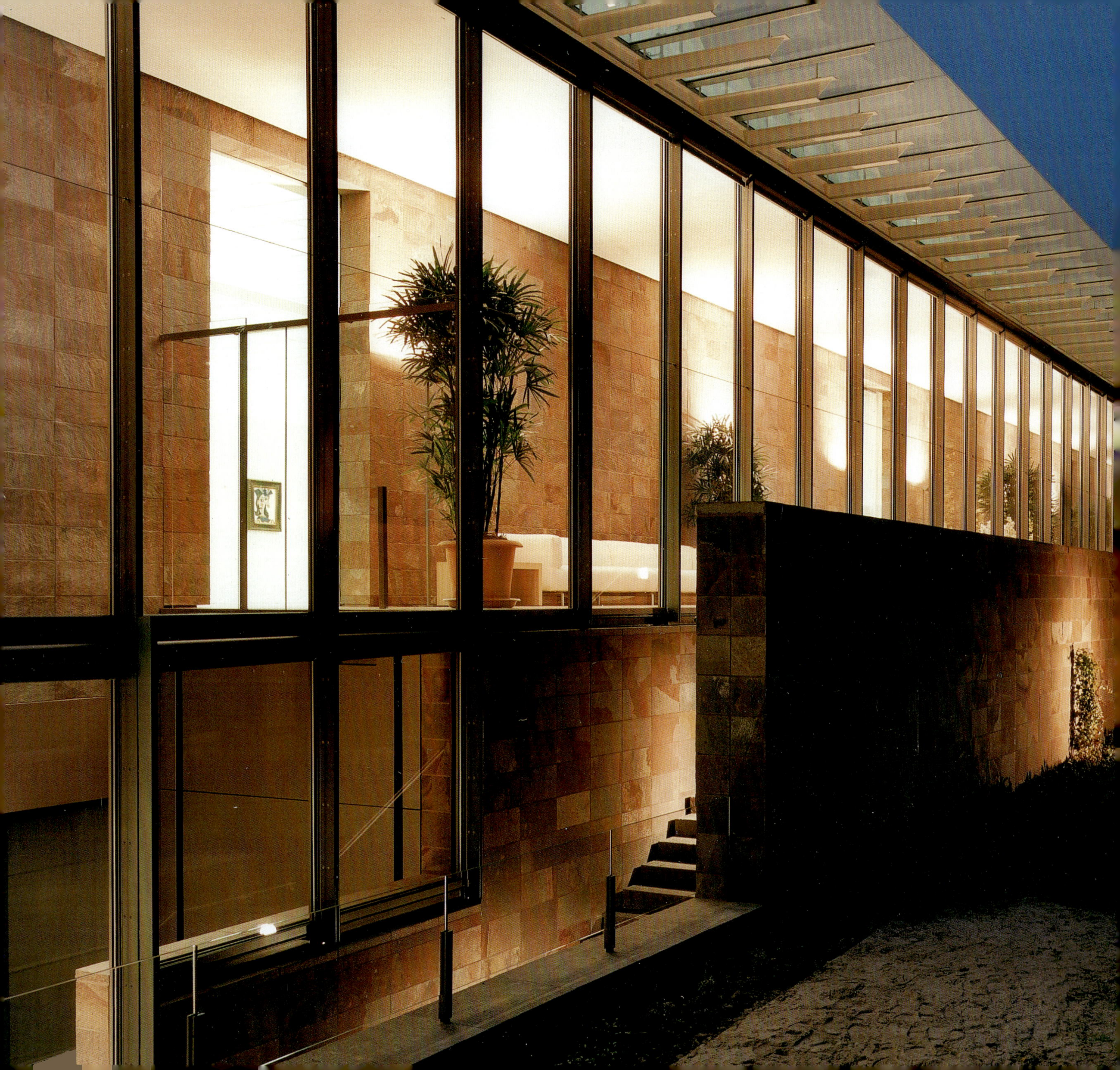

Ansicht von Südwesten, vor der Bauerweiterung von 1999/2000

Westfassade mit Wintergarten und
Treppenabgang zum Untergeschoss

Alvaro Siza, Centro Gallego de Arte
Contemporáneo, Santiago de Compostela, 1988

Rem Koolhaas, Kunsthal, Rotterdam, 1992

Literatur zum Thema Museumsarchitektur der letzten 50 Jahre (und z. T. über die Geschichte des Kunstmuseums im Allgemeinen): Michael Brawne: Neue Museen. Verlag Gerd Hatje, Stuttgart 1965. Museo d'arte e architettura. Ausstellungskatalog. Hrsg. Museo Cantonale d'Arte Lugano. Edizioni Charta, Mailand 1992. Krzysztof Pomian: Der Ursprung des Museums. Vom Sammeln. Verlag Klaus Wagenbach, Berlin 1988. Denkraum Museum. Über die Rezeption von Architektur und Kunst. Hrsg. Moritz Küng und Architektur Forum Zürich. Verlag Lars Müller, Baden 1992. Museumsarchitektur in Frankfurt. 1980–1990. Hrsg. Vittorio Magnago Lampugnani. Prestel-Verlag, München 1990. Räume für Kunst. Europäische Museumsarchitektur der Gegenwart. Ausstellungskatalog. Hrsg. Kestner-Gesellschaft, Hannover 1993. Francis Haskell und Nicholas Penny: Taste and the Antique. London & New Haven 1981. Schweizer Kunstmuseen. Bauten und Projekte. 1980–1994. Ausstellungskatalog. Architekturforum und Centre PasquArt, Biel 1994 (Mit Bibliographie).

na, von Rossi in Maastricht und von Gehry in Bilbao entschieden zurückweist, gewinnt es seine Kraft ähnlich wie das neue Centro Gallego de Arte Contemporáneo von Alvaro Siza in Santiago de Compostela aus dem Kontext und der Magie des Ortes. Dies verleiht ihm – bei aller Nähe zum High-Tech – einen romantischen Touch.

Dennoch ist die Fondation Beyeler ein funktionaler Bau, der sich von theoretischen Abhandlungen wie etwa Rem Koolhaas' Kunsthal in Rotterdam oder Peter Eisenmans Wexner Center for the Arts in Columbus klar unterscheidet. Zwar stellen diese Häuser interessante architektonische Statements dar, aber ihre Ausstellungsräume erweisen sich als problematisch für die Kunst. Mit einem anderen theoriebefrachteten Bau, mit Daniel Libeskinds hoch expressivem Jüdischen Museum in Berlin, lässt sie sich hingegen, zumindest was die Abstimmung des architektonischen Raums auf die Erfordernis der Exponate anbelangt, durchaus vergleichen.

So darf denn Renzo Pianos Museum in Riehen in einem gewissen Sinn als Quintessenz des zeitgenössischen Museumsbaus bezeichnet werden. Wie weit dies von Piano angestrebt wurde, sei dahingestellt. Interessant ist aber das Faktum, dass die Tages- und Fachmedien dieses Museum sowohl bezüglich der Sammlung als auch der Architektur fast unisono in den höchsten Tönen lobten. Und in der Tat ist der Gesamteindruck – wegen der auf die heitere Moderne der fünfziger Jahre und auf die Ruinenromantik der Gartenkultur vergangener Jahrhunderte verweisenden Erscheinung, aber auch wegen der sorgsam auf die Exponate ausgerichteten «promenade architecturale» – höchst erfreulich. Selbst gewisse, nicht alle Besucher und Kritiker gleichermassen überzeugende Detaillösungen treten schliesslich in den Hintergrund angesichts der fast schon arkadisch anmutenden Stimmigkeit der Gesamtanlage.

Blick in den Monet-Saal (Saal 4) mit Auguste Rodins «Iris, messagère des Dieux» (1890/91)

Jochen Wiede **Ein Museum im Park**
Die Landschaftsgestaltung

Ernst Beyeler und Renzo Piano haben mit dem Museumsbau im Berower-Gut in Riehen einen neuen Dialog zwischen Architektur, Kunst und Natur ermöglicht. Dies gilt nicht nur für das eigentliche Gebiet der Fondation, das diese im Nutz- und Baurecht von der Gemeinde übernommen hat, sondern auch auf den weiteren Landschaftsraum, der mit dem Museum ein neues Bezugselement erhalten hat.

Gebäude und Freiraum

In der Besonderheit eines gegenseitigen Beziehungsgeflechtes zwischen Gartenanlage, Bauwerk und Landschaft knüpft dieser Museumsbau an eine Tradition an, die bau- und gartengeschichtlich mit den zur offenen Landschaft hin orientierten Hügelvillen der Renaissance um Rom und Florenz in Verbindung steht. Diese Bau-Freiflächen-Beziehung hat sich jedoch im Wandel des Naturverständnisses im Laufe der Jahrhunderte immer wieder verändert: Während die eher statischen, stark tektonisierten Anlagen des Barock einen bühnenhaften Bezug zum zentralen Gebäude aufnahmen, findet sich schon zu Beginn des 18. Jahrhunderts der englische Landsitz inmitten einer vermeintlich naturbelassenen Parklandschaft. Hier, im klassischen Landschaftsstil Brownscher Prägung, wird das Gebäude Bezugspunkt in der rahmenhaften Begrenzung eines idealisierten Naturbildes.

Einer der Gründe für die Einzigartigkeit des Ensembles Fondation Beyeler liegt in dieser heute kaum noch realisierbaren, grossräumlichen gestalterischen Einheit. Trotz der räumlichen Enge des knappen Bauareales wirkt das Museum nicht erdrückend, da die Funktion des komplementären Freiraums von der westlich anschliessenden offenen Landschaft übernommen wird.

Architektur, Kunst und Natur wirken auf den Menschen, hinterlassen Eindrücke und können seelische Vorgänge

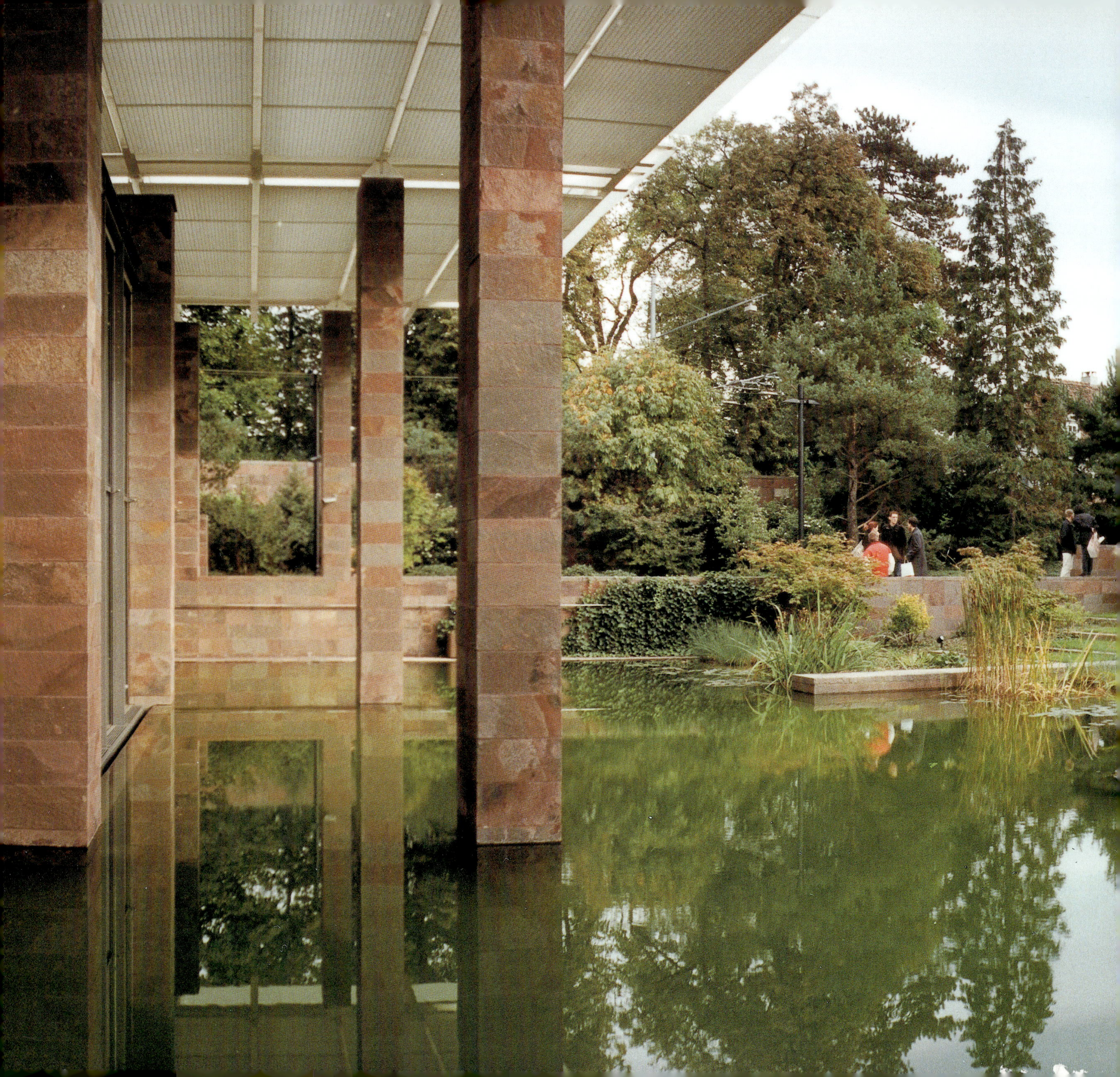

auslösen. In der frühen Phase des Landschaftsgartenstils sollten bestimmte Gartenszenen in der objektbezogenen, sinnlichen Wahrnehmung unmittelbar Gefühle und Emotionen auslösen. Vorbereitet wurde dies 1757 durch die «Gefühlsästhetik» von Edmund Burke sowie durch Henry Home's «Elements of Criticism' zwischen 1761–1785. Home stellt die Gattung Gartenkunst neben die Musik und die Architektur und weist auf die Vorzüge der Gartenkunst, die allein durch ihre Motivgestaltung das gesamte Register von Empfindungen auszulösen vermag. Erst unter Humphry Repton (1752–1818) entwickelt sich der Landschaftsgarten zu einem räumlich betonten Gesamtwerk, dem die kleine Parkanlage des Berower-Guts nahe steht: das «Malerische» hat nur noch begrenzten Leitwert, die räumliche Gartenkomposition als physische Qualität von Natur in einer Licht-Schatten-Farbe-Form-Bewegung-Umriss-Textur ist losgelöst von ideellen Assoziationen und Emotionen. «Der Landschaftsgarten hat das Wachstum, die Lebendigkeit, die Atmosphäre, den Wandel der Jahreszeiten in den Bereich seines Kunstwollens einbegriffen.»[1] Für diese räumlich wahrnehmbare Komposition gilt nun nicht mehr der «Bildwert», sondern seine atmosphärische Qualität.

Das Berower-Gut

Seit über drei Jahrhunderten schliesst das Gut den Riehener Dorfverband gegen Nordwesten ab. Aber erst ab etwa 1765 ist das 1,6 ha grosse Areal gesamthaft mit einer Mauer umschlossen worden. Mit seiner Lage auf dem Rand einer tertiären Geländeterrasse begrenzt es die westlich vorgelagerte, landwirtschaftlich genutzte Ebene gegen den mittelalterlichen Mühlebach mit seinen Uferbäumen. Getrennt durch die Hauptverkehrsstrasse, baut sich östlich zum Gut eine dichte Baumkulisse wie ein schützender Rahmen auf. Sie ist Teil des

[1] *Franz Hallbaum: Der Landschaftsgarten, 1927.*

Luftaufnahme 1994: Das erst 1765 vollständig ummauerte Berower-Gut mit historischer Villa und der Neubauvilla von 1933 (hinten)

Luftaufnahme 1997: Der Museumsneubau eröffnet einen neuen Dialog mit dem westlich vorgelagerten Landschaftsraum.

Architektur und Natur verbinden sich in der Fondation Beyeler zu einer Einheit: Südfassade mit Weiher. (Seiten 106 und 107)

um 1830 entstandenen Landschaftsparks eines benachbarten ehemaligen Landsitzes. Das Südende begrenzt der Aubach, der seit wenigen Jahrzehnten in Verbindung mit dem Strassenausbau kanalisiert wurde, während das gegen Norden leicht abfallende Gelände von lockeren Baumgruppen aufgefangen wird.

Erstmals 1612 urkundlich erwähnt, lassen sich die vielen Um- und Erweiterungsbauten des ehemaligen Gutsgebäudes, der heutigen Villa, ab 1640 auch belegen. Die Ausdehnung zur heutigen Besitzgrösse erfolgte um 1730. Jedoch erst 1761 gelangte das Gut in eine besondere Phase seiner Entwicklung als Sommersitz und Weingut grossbürgerlicher Basler Eigentümer.

In dieser noch ganz vom Zeitgeist des Spätbarock geprägten Zeit treten Wohnräume und Garten erstmals in eine direkte Beziehung zueinander. Gleichzeitig grenzt sich der tektonisch betonte Gartenraum noch vollständig von der äusseren Landschaft ab. Die Landschaft bleibt, zumindest in den Villen und Sommersitzen ausserhalb der engen mittelalterlichen Stadt, ein Gegenpol zur gestalteten Natur. Seitlich zum Gebäude entstand ein etwa 1000 m² grosser, von Mauern geschützter und mit Buchs- oder Eibenhecken gegliederter formaler Garten. Er war im Stil einer Parterreanlage durch ein Achsenkreuz gegliedert, dessen Längsachse tief in das Weinrebenfeld führte. Der vordere Achsenabschnitt deckt sich übrigens mit dem neuen Verbindungsweg zwischen Haupteingang des Museums und Villa, so dass Vergangenheit und Gegenwart hier eine Bezugslinie finden.

Nach den Wirren der Französischen Revolution und einer Phase der Stagnation infolge von wirtschaftlichen Engpässen bei den Basler Grosskaufleuten folgt eine Zeit politischer und gesellschaftlicher Neuorientierungen. Die Leibeigenschaft wird langsam aufgelöst, obrigkeitliche Strukuren werden neu geordnet. So erhielt das Berower-Gut zwischen 1832 und 1836 mit dem Einzug

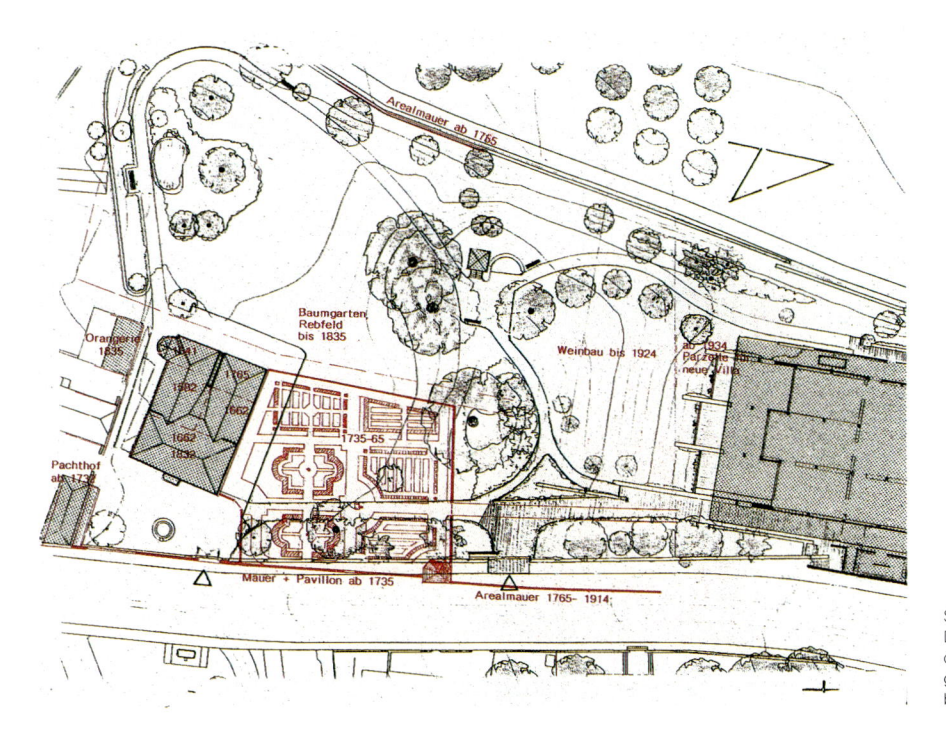

Skizze zur baulichen Entwicklung (J. Wiede):
Der rote Aufdruck im oberen Planausschnitt markiert
die Veränderungen ab 1640 über den Spätbarock-
garten von 1765 und den Landschaftspark von 1835
bis zur Fondation Beyeler, 1997.

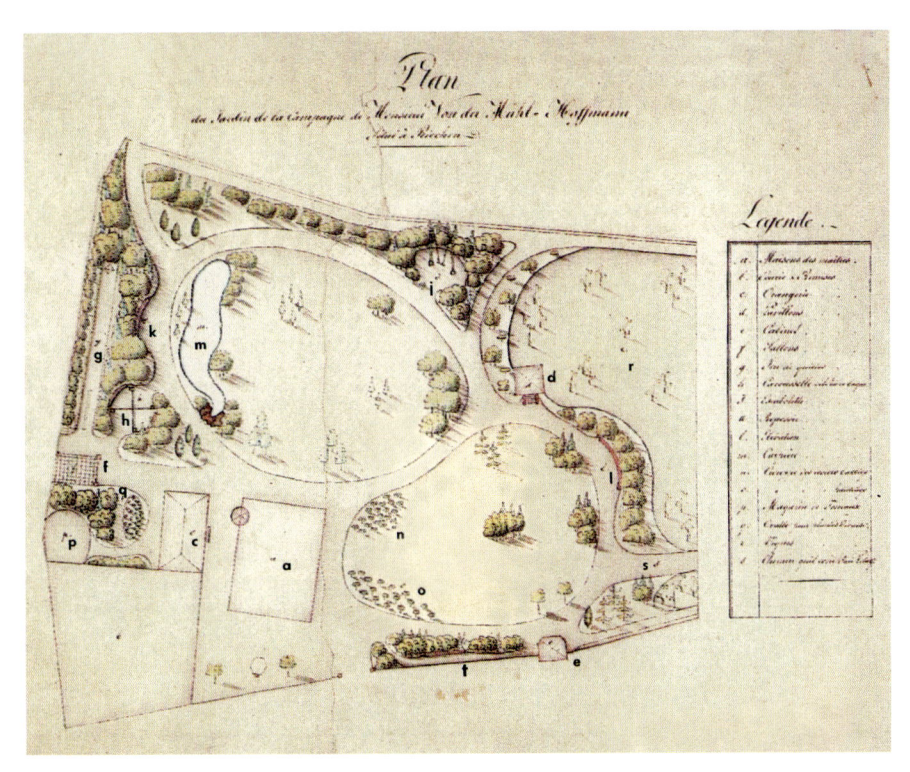

Historischer Plan zum Landschaftspark, Entwurf Nr. 1
von Franz Caillat, 1832/33 (nur in Teilen identisch mit
der Ausführung): Die vom Autor verdeutlichten Buchsta-
ben zur Legende weisen unter a= Villa, c= Orangerie,
f=Tempelchen, d=Pavillon die noch bestehenden park-
prägenden Bauten aus.

moderner Ideen zur Gartenkunst und den klassizistisch geprägten Neu- und Umbauten sichtbare Veränderungen, welche der heute vorhandenen, aber neu renovierten Bausubstanz entsprechen. Auffallend ist dies in erster Linie beim quergestellten Frontbau der Villa in Einheit mit Vorhof, Tor, Hofbrunnen und dem perystilartigen Vorbau zum angrenzenden Ökonomieteil sowie bei dem Bautenensemble von Orangerie und dem damals als Teehaus dienenden Tempelchen. Letztere liegen in dem von der Gemeinde genutzten Areal, während die Räumlichkeiten der Villa der Museumsverwaltung und dem Museumsrestaurant dienen.

Der zeitgleich entstandenen Parkanlage im Stil des sogenannten englischen Landschaftsgartens gingen grössere Erdbewegungen und Geländemodulationen voraus, denen Teile der Weinrebenkultur zum Opfer fielen. Zwei überlieferte Gartenplanvarianten des Franz Caillat zeugen von einer etwas unsicheren Auseinandersetzung mit den Gegebenheiten; die dritte, ausgeführte Variante lässt auf die aktive Mitwirkung des Bauherrn schliessen. Neu für die Zeit waren die verschieden gestalteten Gartenräume mit Spieleinrichtungen für Jung und Alt, die auf eine sehr praktische, nutzungsorientierte Einstellung weisen. Die genau plazierten Sichtbeziehungen zwischen den «points de vue» des Gartens zeugen auch von einem ganz bewussten Erleben der neu entdeckten Gartenschönheit. Neu war ebenfalls die von Caillat verwendete Mischung fremdländischer und heimischer Baumarten, von denen wenige wie Ginkgo, Linden, Eiben und ein Bergahorn mit weiss panaschierten Blättern bis heute überdauert haben. Rosenbeete markierten den von Repton als «pleasureground» bezeichneten gebäudenahen Bereich.

Spätere, bis Anfang dieses Jahrhunderts dauernde, meist planlose Ergänzungspflanzungen, begannen zunehmend das vom Gürtelweg gehaltene räumliche Gefüge zu erdrücken. Diese sogenannte «Gebüschwut» war weit verbreitet. Erst mit einer neuen Baugesinnung, etwa ab 1920, und mit einem stärker werdenden Bedürfnis nach Licht und Luft erwachte ein gewisser Mut zur Leere mit frei gestellten offenen Rasenflächen. Die Gartenkunst wurde wieder als ein Gestalten mit Räumen erkannt, was sich übrigens auch in der aufkommenden Verwendung und Verteilung von Stauden und Kleinsträuchern in peripheren Pflanzflächen äusserte. So näherte sich dieser Landschaftspark wieder dem klassischen Stil an, wie ihn Lancelot «Capability» Brown (1716–1783) verstanden hatte: Zu den Merkmalen des Schönen gehörte alles Gerundete, Verfliessende, Unaufdringliche, unmerklich Abgestufte in Form und Farbe.

Trotz vieler Änderungen und Anpassungen, bedingt durch Strassenverbreiterung und neue Nutzungsgewohnheiten im Park, blieb der ursprüngliche Charakter der Anlage im wesentlichen erhalten. Dieser ist durch einige Altbäume, den Gartenpavillon als Belvedere und das vom Beltweg gefasste räumliche Gefüge geprägt. Ein seit 55 Jahren eingedeckter Teich konnte stilgerecht mit Quellwasserzulauf und grottenartiger Einspeisung in Verbindung mit der neuen Gesamtgestaltung wieder hergestellt werden.

Im zweiten Jahrzehnt dieses Jahrhunderts fassten dann Elemente des Architekturgartenstils in Randbereichen des Parks Fuss. Davon zeugt heute nur noch ein kleiner mit Buchshecken formal gegliederter Gartenteil, der bei der Gesamtrenovation des Ökonomiebereichs neu erstellt werden konnte.

Zehn Jahre, nachdem die letzten Weinstöcke des Berower-Guts gerodet worden waren, nahm hier im Jahre 1933 eine neue Besitzergeneration erstmals festen Wohnsitz. Gleichzeitig wurde das Areal für den Villenbau eines Familienangehörigen geteilt. Doch schon 1976 konnte die Gemeinde Riehen das Gesamtareal einschliesslich der zwischenzeitlich als Katzenmuseum genutzten Neubauvilla übernehmen. Über dreihundert und fünfzig Jahre hatte sich das Gut im Privatbesitz von ungefähr zwanzig Generationen befunden. Die Intaktheit eines seit Jahrhunderten bewahrten Besitzstandes ist der Grund für die besondere Ausstrahlung, die diesem Ort noch heute zu eigen ist. Hier liefen Fäden von vielen bekannten Basler Familien zusammen. Mitglieder der älteren Generation erinnern sich noch gerne daran, wie sie als Kinder etwa aus dem Verwandten- oder Freundeskreis der Burckhardts, La Roches, Merians, Geigys, Sarasins dort zur Zeit der Weinlese oder bei Familienanlässen eine so schöne Zeit hatten. Dieser Ort besitzt ein Gedächtnis.

Der neue Park

Jeder Ort definiert sich durch seine Räume, die in der Ebene des Jetzt mit den geographischen Besonderheiten sowie den prägenden kulturellen und sozialen Einflüssen verwoben sind. Eine Verbindung besteht jedoch auch über die Zeitachse, welche von der Vergangenheit über das Heute in die Zukunft weist. Es ist ein Geflecht von Wirkungen, die den Ort als Topos in seiner Einzigartigkeit, als «genius loci», charakterisieren. Feinfühlig dringt nun der neue Museumsbau in den verborgenen Geist dieses Ortes ein, er macht ihn auf neue Weise interpretierbar und erfahrbar: Mit einer räumlichen Verflechtung des Museumbaus gegen aussen und gegen innen entstehen qualitativ unterschiedlich wahrnehmbare Beziehungen.

Der neue Gesamtpark setzt sich aus dem beschaulich-ruhigen Nordteil, einer schmalen Westseite, dem Übergangsraum «Süd» und dem eigentlichen alten Landschaftspark zusammen. Ein Aspekt von Erfahrbarkeit dieser Gartenräume, ihrer Wirkung auf die Person, beruht auf der Wahrnehmbarkeit eines Kräftegefälles zwi-

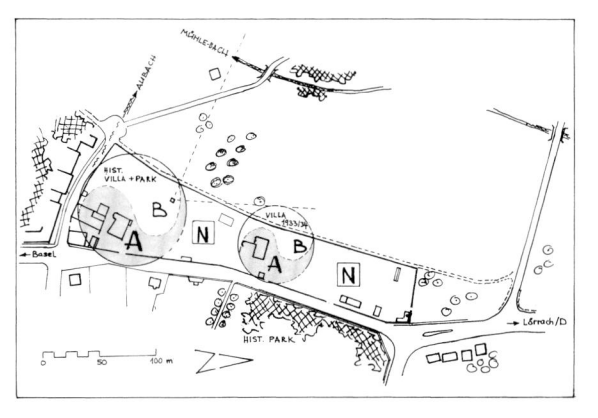

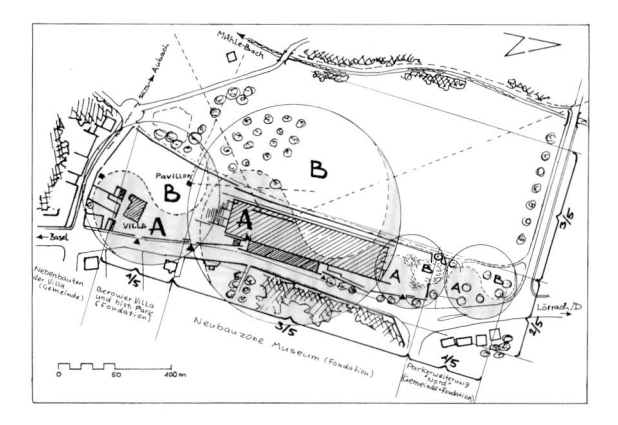

Vor der Umgestaltung: Der historische Pavillon ist als Belvedere Bindeglied zwischen Park und Landschaftsraum im Westen (Aufnahme 1990).

Der neue Park: Die Skizzen von J. Wiede zeigen die Veränderung der räumlichen Wertigkeit von Aktiv- (=A) und Passivzonen (=B) im Berower-Gut und von dessen Beziehung zum Landschaftsraum vor und nach dem Museumsbau, inklusive Erweiterung. Der Kräfteschwerpunkt verschiebt sich unter Auflösung der Neutralzonen (=N) und Ausweitung des Bezugsgebietes. Mit dem Museumsbau entstehen so neue Raumproportionen im Teilungsverhältnis des Goldenen Schnitts von etwa 3/5 : 2/5.

Blick aus dem Rousseau-Raum in Richtung Park

schen Masse und Freiraum. Der im Planungsteam eingebundene und für das Ausführungsprojekt zuständige Landschaftsarchitekt besass hier eine besondere Verantwortung für die Harmonisierung jener Gebäudemasse-Freiraumbeziehung.

Vergleicht man die Situationen vor und nach dem Neubau, so wird erkennbar, dass sich das Bezugs- und Kraftzentrum der Gesamtparzelle vom Bereich Villa mit Park nun zum Museum verschoben hat. Dadurch tritt das Ensemble mit dem äusseren Landschaftsraum in einen neuen Dialog, durch den auch die Villa mit Park synergetisch aufgewertet wird. Die gestalterische Herausforderung lag darin, diese unterschiedlichen Sphären im feingesponnenen Raum-Massegeflecht der Villazone mit der Neubauzone harmonisch so zu verbinden, dass die räumliche Integrität des alten Parks erhalten bleibt und doch gleichzeitig ein einheitliches Ganzes nach der Idee des Landschaftsparkes geschaffen wird.

In der spannungsreichen Zwischenzone von der Gebäudestirn Süd bis zum höher gelegenen Parkrand verzahnen sich die vorgeschobenen Flügelmauern als vertikale und die stufigen Porphyrschwellen als horizontale Elemente der Gebäudetektonik mit der Geländemodulation und den vegetativen Elementen. In dieser Zone des Ineinandergreifens der dualen Wirkungsbereiche Bau und Gelände harmonisieren sich das «harte» und «weiche» Potential. Überall dort, wo verschiedene Sphären aufeinandertreffen, ist es Aufgabe des Planers, divergierende Tendenzen von Einflussgrössen zu korrigieren und auszugleichen oder positiv wirkende Potentiale zu fördern. Man kann dies auch Harmonisierung energetisch[2] wirkender Eigenschaften nennen.

Mit der Aufschliessung des Baukörpers bei den verglasten Stirnseiten entsteht eine fluktuierende Raumkontinuität vom Binnenraum in den Freiraum bei einer Verstärkung der Tiefenachse. Besonders auf der Südseite kommt diese Bewegung vor der kulissenhaften Eibengruppe zur Ruhe, um sich dann mit der Räumlichkeit des alten Parks zu verbinden.

Als Zielsetzung zur Neugestaltung stand nicht Browns poetisch-arkadisches Ideal einer Landschaftsverbesserung Pate; zumal in manchen seiner frühen, noch etwas schablonenhaften Landschaftskompositionen Vegetationsmassen, weite Freiräume und Zwischenintervalle wie Punkte, Komma und Bindestriche zueinander stehen, wie er selbst anschaulich erläutert. Hier versteht sich Landschaftsarchitektur dagegen als zweckgerichtete Gestaltung komplementärer Freiräume zu einem beherrschenden Gebäude. Sie lehnt sich deshalb eher an Reptons schon sehr aufs Praktische ausgerichtete Vorstellung der Landschaftskunst an, die er für einen Landhauspark als «neatness, simplicity and elegance» umschreibt; er stellt dabei den Grundsatz auf, Zweckmässigkeit, gute Proportionen, Einheitlichkeit sowie Harmonie aller Teile zum Ganzen müssen bestimmend sein.[3]

Im Bestreben nach einer weitgehenden Einheitlichkeit hat die Fondation Beyeler keine Mühen und finanzielle Aufwendungen gescheut, um dieses Neue, Grosse auch von negativen äusseren Einwirkungen zu entlasten: Massive Tramleitungsmasten entlang der Ostperipherie des Museumsbaus wurden versetzt, um die strassenseitige Fassade optisch frei zu halten. Für einen ungetrübten Ausblick vom Museum aus wurden die wenigen störenden Baufronten, etwa gegen Nordosten, mit Baumpflanzungen abgedeckt.

Die Verschiebung des Parkweges nach Westen entlastet den alten Parkbaum und stellt als neue Verbindungslinie zum Museum einen Bezug zur Wegachse des ehemaligen Barockgartens her.

Das untere Bild zeigt die gleiche Situation vor der Umgestaltung (1990).

[2] *Der in diesen Ausführungen verwendete Begriff «Energie» lehnt sich an die Wahrnehmungsweise des slowenischen Bildhauers Marko Pogačnik an, für den die wahrnehmbare Welt nicht nur eine physische Form, sondern auch eine energetische Gestalt hat: «Was wir mit unseren Sinnen wahrnehmen können, ist nur die stoffliche Verdichtung einer bestimmten Schwingung».*

[3] *Theorie and Practice of Landscape Gardening, 1803.*

Collage Christos, die der Vorbereitung der Verhüllungsaktion der «Wrapped Trees» im Herbst 1998 diente.

Berower-Park mit «Wrapped Trees» (1998) von Christo und Jeanne-Claude anlässlich der Sonderausstellung «Magie der Bäume», 1998/99 (S. 114 unten und S. 115)

Die Berower-Villa, heute ein wichtiger Bestandteil der Fondation Beyeler, hat seit alters her einen grosszügigen Zugang. Dieser sollte ursprünglich auch als Museumszugang dienen. Aber wir mühten uns lange Zeit erfolglos, über diesen Eingang eine adäquate Verbindung zum Museum zu finden, bis klar wurde, dass ein neuer zentraler Bezugsort auch eines eigenen Eingangs bedarf, nämlich dort, wo mittig zwischen den Bereichen Museum und Villa die neue porphyrverkleidete Aussenmauer mit der alten Arealmauer zusammentreffen. In der Folge musste das Parkwegsystem diesen neuen Gegebenheiten angepasst werden.

So konnte beispielsweise der obere Beltwegabschnitt aus seiner Trennfunktion gelöst und zur Vermittlung der beiden Sphären näher gegen das Museumsgebäude hin orientiert werden. Auf der Höhe des Eingangs verschränken sich die vom Museum und der Villa ausgehenden Wegachsen und schliessen so an das Parkwegsystem an. Gleichzeitig wird mit der tektonisch veranlagten geraden Linienführung der Bezug auf die ehemalige Wegflucht eines formalen Gartenteils aus der Mitte des 18. Jahrhunderts hergestellt. Als Zugeständnis an die besondere atmosphärische Situation des alten Parks setzt sich der Porphyrsandbelag dieses Wegabschnitts von dem mit Porphyrplatten befestigten Weg der Eingangszone ab.

Der 1835 am Rande des Englischen Parks erstellte Gartenpavillon und Belvedere vermittelt wie ein Gelenkpunkt im Bezugssystem Museum-Park-Villa. Er akzentuiert an der höchsten Geländeerhebung, etwa sechs Meter über der westlich vorgelagerten Ebene, den Übergang vom historischen Beltweg zur neuen aufs Museum bezogenen Parkwegführung. Bedingt durch diese erhöhte Lage, verschwindet die Grenzmauer als trennende Zäsur, und Park und Landschaft verbinden sich fast nahtlos miteinander.

Skulpturen und Pflanzen

Einige Beispiele aus dem Projekt und dem Baugeschehen können das subtile Verhältnis von Funktion, Form- und Raumqualitäten noch etwas näher beleuchten. Mit der Plazierung einer Skulptur in einem Freiraum etwa verändern sich subtile raumspezifische Gleichgewichte. Eine betrachtende Person erspürt, bei erhöhter Sensibilität für die Raum-Masse-Beziehungen und die Farb-Lichteffekte, gleichsam eine Spannung zwischen sich, dem betrachteten Objekt und dessen Umfeld. Eine dabei mögliche Aufladung dieser räumlichen Sphäre kann mit der Lösung von Blockaden oder mit einer Umlenkung der Energien verglichen werden, wie sie im menschlichen Körper bei einer Akupunkturbehandlung auftreten können.

In diesem Zusammenhang sind die bislang im Park und ausserhalb des Museums plazierten Skulpturen sehr aufschlussreich: Calders hohes Metall-Mobile «The Tree» (1966) schliesst den gegen Südwesten wegen eines sturmbedingten Baumverlustes offenen alten Parkraum ab. Die Beweglichkeit der Skulptur nimmt die zirkulierende Raumenergie der weiten Rasenfläche auf und verstärkt sie mehr, als dies die frühere Altlinde bewirkt hätte. Luciano Fabro's Steinskulptur «Crono» (1991) auf der Nordterrasse des Museums entspricht mit ihren gebrochenen und geschliffenen Oberflächen aus schwarz meliertem Marmor und mit dem weissen, konischen Marmorsockel ganz der Hinter- und Nord-Seite des Gebäudes. Aus geomantischer Betrachtungsweise sind dies Qualitäten, die als schutzbedürftig, dunkel und geheimnisvoll zu charakterisieren sind.

Das etwa 4 t schwere Metallmobile «The Tree» von
Alexander Calder (1966) nimmt die zirkulierende Raumenergie
der weiten Rasenfläche auf und verstärkt sie.

Die geschlossene Strassenfront des Museumbaus verschliesst
sich gegen den Verkehrslärm.

Weiden, Sumpfzypressen, Urweltmammutbäume prägen den Charakter
des neuangelegten nördlichen Parks mit dem als Dachwasserversickerung
dienenden Teich, nach der Bauerweiterung von 1999/2000.

Der Landschaftsarchitekt reagiert darauf mit der Pflanzung von nadelabwerfenden Koniferen, die sich mit hellen Grüntönen und gelben Herbstfarben auszeichnen, ebenso mit Silberweiden, die mit ihrem Farbspiel ausgleichend wirken. Weiden, Taxodien und Metasequoien sind Bäume des Wasserbereichs. Der hier angesiedelte Überlaufteich für die gesamte Dachwasserversickerung dient dabei nicht nur der Grundwasseranreicherung, sondern neutralisiert auch Negativenergien dieser Zone. Das stark undulierte, gegen Norden abfallende Gelände berücksichtigt mit offen ausschwingenden Rasenflächen auf ähnlich Weise diesen «Schutzaspekt» wie die im oberen Geländebereich gepflanzten alten Eichenbäume.

Die perfekte Balance dualer Wirkungssphären ist auch am und im Museumsgebäude mit den massiven porphyrverkleideten Aussenmauern, dem Glasdach und den Glasfronten und an der Innenaufteilung nachzuvollziehen. Hier soll jedoch auf diese museumsbezogenen Einzelheiten nicht eingegangen werden. Wichtig für die aus Sicht der Landschaftsplanung vermittelten Zusammenhänge sind die Kontaktzonen von Innen nach Aussen. Die den Ausstellungsräumen vorgelagerte verglaste Westgalerie öffnet sich dem weiten Landschaftsraum. Die geschlossene Ostfront wehrt gegen den lärmigen Strassenbereich ab, während sich die Südseite gegen den alten Park öffnet. Der überdachte Bereich hinter dieser transparenten Stirnwand, ursprünglich als künstlich bewässerter Garten oder als Trockenzone vorgesehen, verlangte geradezu nach einer Wasserfläche. Diese wurde schliesslich ins Bauprogramm aufgenommen. Der Wasserspiegel des architektonisch gefassten Bassins wurde nachträglich auf Niveau des Museumbodens gehoben. Mit dem bewegten Spiel von Lichtbrechungen und Spiegelungen wirkt die Wasseroberfläche als aktivierende Vermittlerin zwischen

116

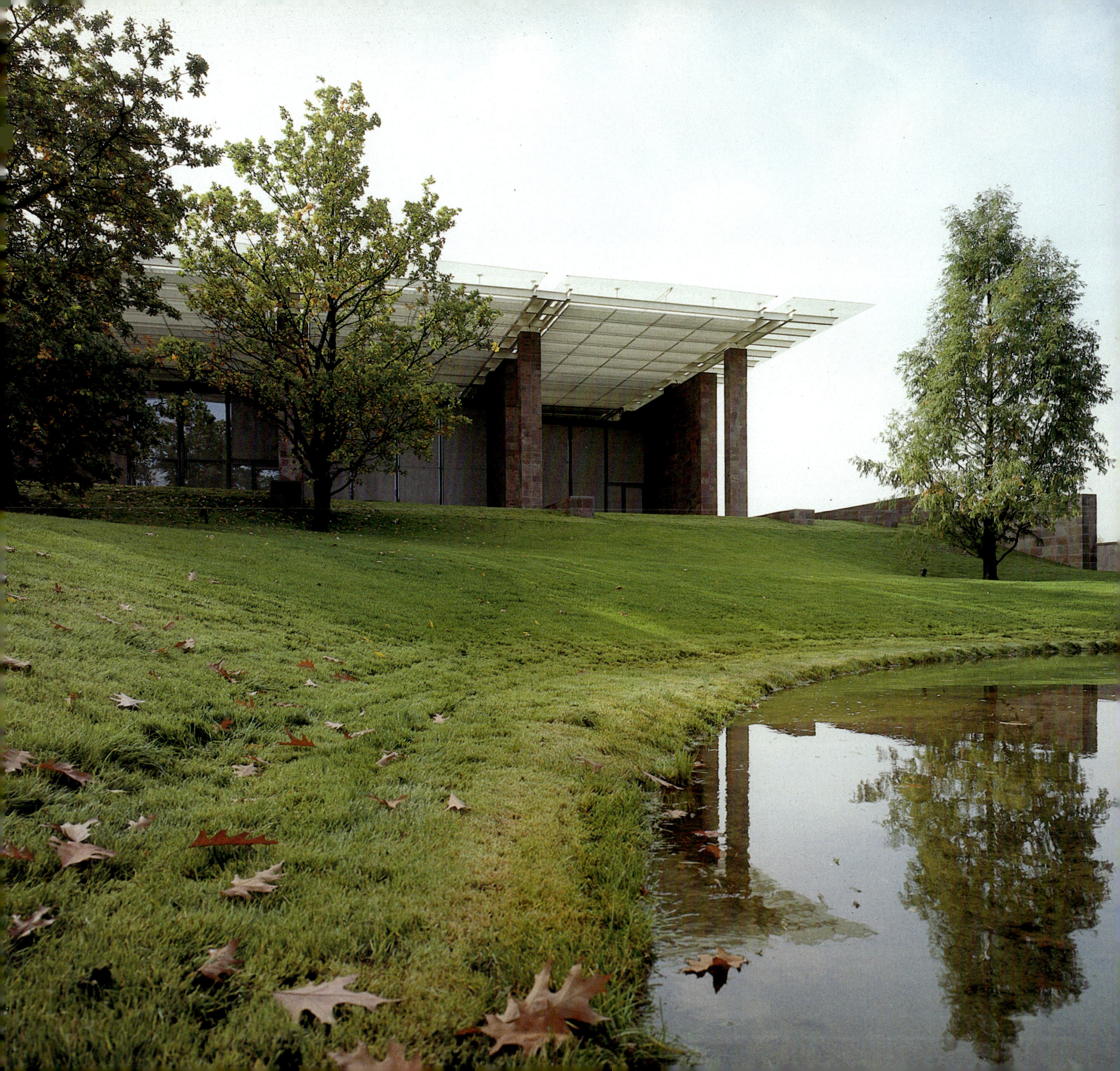

Innen und Aussen. Zudem stellen die Seerosenpflanzungen eine unmittelbare Entsprechung zu Monet's Triptychon «Bassin aux Nymphéas» (1917–20) her.

Die Besonderheit der Einganszone ist durch die pflanzliche Gestaltung geprägt. Neu gepflanzte Koniferen-Altbäume, Rhododendronmassive und immergrüne Sträucher vermitteln zwischen der Dominanz des Neubaus und dem von Laubgehölzen geprägten Park. Eine neue kulissenbildende Funktion kommt der am höchsten Geländepunkt zwischen Neubau- und alter Parkzone stehenden Eibengruppe zu.

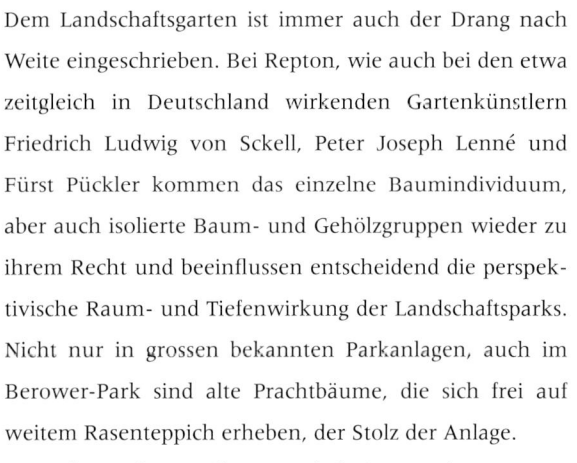

Masse und Raum

Dem Landschaftsgarten ist immer auch der Drang nach Weite eingeschrieben. Bei Repton, wie auch bei den etwa zeitgleich in Deutschland wirkenden Gartenkünstlern Friedrich Ludwig von Sckell, Peter Joseph Lenné und Fürst Pückler kommen das einzelne Baumindividuum, aber auch isolierte Baum- und Gehölzgruppen wieder zu ihrem Recht und beeinflussen entscheidend die perspektivische Raum- und Tiefenwirkung der Landschaftsparks. Nicht nur in grossen bekannten Parkanlagen, auch im Berower-Park sind alte Prachtbäume, die sich frei auf weitem Rasenteppich erheben, der Stolz der Anlage.

Gartenkunst hat in ihrem Verhältnis zur Idee «Natur» und in ihrer Beziehung zum Gebäude in ihrer jahrhundertelangen Geschichte sehr wechselvolle und eigenständige Ausdrucksformen gefunden. Immer war sie jedoch «Raumkunst», insofern sie zum einen mehr als gestaltete Kulturform wie im Barockgarten und zum anderen mehr als gestaltete Naturform wie im Landschaftsgarten die räumliche Gliederung durch Gleichgewicht, Regelmässigkeit und Wiederholung oder durch Kontrast, Rhythmus und wechselvolle Gliederung von Teilen erlebbar machte. Einheitlichkeit, Harmonie und Eigenständigkeit einer Gartenanlage entspringen heute nicht mehr einer Mode oder einem Stildiktat, sondern aus der Übereinstimmung der einzelnen Teile zum Ganzen in ablesbaren Abhängigkeiten und Proportionen von Beziehungen der Massen und der Freiräume. Die Prinzipien einer «Gefühlsästhetik» des 18. Jahrhunderts sind nicht mehr zeitgemäss. Ein sensibilisierter künstlerischer Umgang mit Natur unter Berücksichtigung ihrer erschliessbaren Energiephänomene kann aber auch mit wachsendem ökologischen Bewusstsein Gartenkunst neu befruchten.

Wie rezipiert ein Parkbesucher Kunst und Natur? Ist Natur, Landschaft schlechthin schön? Dichter, Philosophen und Maler geben auf ihre Weise Antwort auf diese Frage. Als Besucherin und Besucher des Museums ist man besonders empfänglich für die Reize, Botschaften und Energien, die Natur und Park zu vermitteln vermögen. «Ideal», hört man sagen, «nach solch einem Kunstgenuss nicht in lärmigen Verkehr entlassen zu werden.» Spazieren (lat. spatium = Raum) bedeutet, sich den Raum erobern. Parkräume in ihrer Zuordnung, Abfolge, Überschneidung wie auch kleinteilige Raumgefüge von Pflanzengruppierungen besitzen ganz bestimmte Qualitäten, je nach dem, wie sie sich öffnen, verschliessen oder als Leere in Bezug zu ihren Begrenzungen erfahrbar sind.

Ein Park, als naturhaft geprägter Ort, besitzt Qualitäten, denen man sich ganz bewusst stellen kann, um den verzwickten Bereich zwischen den Sinnen und der Imagination zu erkunden und die gestaltete Landschaft gleichsam als räumliche Skulptur, aber auch die Natur in ihrer Essenz erkennen zu können. Das kann heissen, Schwellenübergänge entdecken, die Energien generieren, Focuspunkte erkennen, die Teile eines Bildraumes zu einem Ganzen zusammenfügen, bei dem sich der Betrachter gleichzeitig innerhalb und ausserhalb des Bildes befindet. Eine differenzierte physische und psychische Rezeptionsleistung bedeutet aber auch das Suchen nach

Der hohe Anteil an Koniferen und immergrünen Gehölzen hebt die Bedeutung der Eingangszone hervor und vermittelt gleichzeitig zwischen dem Bauwerk und der laubholzbetonten Parkzone.

der inneren Wirklichkeit eines alten Baumes hinter seiner emblematischen Realität: «Die Wirklichkeit des Landschaftsparks als Kunstwerk (und als Natur) entsteht überhaupt erst durch die Rezeptionsleistung des betrachtenden und reflektierenden Subjekts, gleichsam im Akt der Wahrnehmung»[4].

Die Fondation Beyeler regt dazu an, sich in Auseinandersetzung mit Gestaltungsprozessen, das heisst auch mit dem Hineinfühlen in die Wertigkeit und Gewichtung von Formen und Raumproportionen, jenes Mass an seelischen Wirkungen zu erspüren, die dieses Ensemble von Architektur, Kunst und Natur in seinem atmosphärischen Erlebniswert zu jeder Jahreszeit immer wieder neu erfahrbar machen.

Wenn nach einigen Jahren Teile des Gebäudes und die Geländemauern mit Kletterpflanzen bewachsen sein werden, Baumkronen die Dachkanten verwischen, Gras, Efeu und Immergrün abschnittsweise die Wegränder eingewachsen haben, werden die Projektziele, das Gebaute und das Vegetative, Architektur und Natur aneinander heranzuführen und die inneren Räume mit den äusseren zu verbinden, endlich umgesetzt sein.

[4] *Adrian von Butlar, in: Die Gartenkunst, 1989.*

Markus Brüderlin **Kunst und Architektur**
Die Sammlung und die Sonderausstellungen in «ihren» Räumen

Eigentlich glaubte die Kunst- und Architekturkritik nicht mehr daran, dass es in unserer von Kommerz und Unterhaltung geprägten Gegenwart möglich ist, eine Museumsarchitektur zu errichten, die der Kunst und ihrer adäquaten Vermittlung dient. Eine Reihe von neueren Museumsbauten hat aber bewiesen, dass der selbstdarstellerischen Egomanie vornehmlich postmoderner Architekten, die die zu beherbergende Kunst eher als Störfaktor betrachten, Grenzen zu setzen sind. Der Museumsbau der Fondation Beyeler ist ein Beitrag zu dieser neuen Ära der Museumsarchitektur, in der wieder die Kunst im Zentrum steht. Renzo Piano selbst beschrieb seine Aufgabe mit folgenden Worten: «Ein Museumsbau sollte die Qualität der Sammlung zu deuten versuchen und ihre Beziehung zur Aussenwelt definieren. Dies entspricht einer aktiven, nicht aber aggressiven Rolle.»[1] Diese «aktive Rolle» ist nicht die des Selbstdarstellens, sondern des Moderierens. Die Architektur hat den Zugang zur Kunst und den Modus der Begegnung von Werk und Betrachter zu gestalten. Piano hat sich sorgfältig dieser Aufgabe angenommen, ohne dabei seine Vorstellung von Architektur zu verstecken.

Die Sammlung Beyeler ist in über fünfzig Jahren, gleichsam im Windschatten der internationalen Handelstätigkeit der Galerie, entstanden und verdankt ihren Charakter einem dezidierten, persönlichen Qualitätsbewusstsein. Mit der Überführung in ein eigenes, allgemein zugängliches Museum wird sie mit einem Öffentlichkeitsanspruch konfrontiert, der nicht mehr allein durch die Werke selbst bestimmt wird, sondern auch durch die Institution «Museum», an der die Architektur ebenso wie die Besucher beteiligt sind. Insofern, und nicht nur durch Neuzukäufe, unterlag sie einem Wandel. Als Kurator der Fondation habe ich seit Mitte 1995 die Gelegenheit, an diesem Prozess teilzuhaben. Jetzt, nachdem sich die Werke, die vorher teilweise in der Pri-

[1] *Zit. n. V. Weber, in: Basler Zeitung Magazin, Nr. 20, 29. 5. 1993, S. 8.*

vatwohnung von Hildy und Ernst Beyeler hingen, zumeist aber verstreut in verschiedenen Depots lagerten, in ihren neuen Räumlichkeiten eingelebt haben, kann über erste Erfahrungen von Kunst, Architektur und Vermittlung berichtet werden.

Die Sammlung Beyeler

Die sachlichen Vorgaben, die die Sammlung an die Architektur stellte, waren relativ klar, da Inhalt, Charakter und Umfang von Anfang an bekannt waren. Allerdings war Piano erstaunt, als nach Fertigstellung des Baus plötzlich rund 160 Werke der klassischen Moderne an den Wänden standen. Er hatte den Auftrag bekommen, ein Museum für die Präsentation von etwa 120 Exponaten zu entwerfen.

Momentan zählt die Sammlung rund 180 Werke, darunter 20 figurative Skulpturen. Sie ist zu rund 95 Prozent ausgestellt. Hinzu kommen 24 Plastiken aus Ozeanien, Afrika und Alaska, die, anders als in der ebenfalls von Piano gebauten Menil Collection in Houston, nicht en bloque zusammengefasst, sondern in beziehungsreichen Gegenüberstellungen auf die Präsentation der modernen Kunst verteilt wurden. Tatsächlich haben Hildy und Ernst Beyeler im Hinblick auf die Museumseröffnung noch kapitale Arbeiten angekauft wie etwa Cézannes Bildnis seiner Frau aus der Sammlung Loeb oder Picassos «Femme en vert» von 1944. Aber auch nach der Eröffnung gelangen laufend neue Arbeiten ins Museum, um einzelne Bereiche der Sammlung, gerade auch im Hinblick auf den inhaltlichen und architektonischen Rahmen, abzurunden. Im wesentlichen aber waren der Charakter und der kunsthistorische Rahmen der Sammlung bei der Planung des Museums bekannt. Die Sammlung beinhaltet Spätwerke des Impressionismus (Cézanne, van Gogh, Monet), den Übergang zum Kubismus (Picasso, Braque), repräsentative Werkgruppen von

Miró, Mondrian, Matisse, Kandinsky, Picasso, Klee und anderen sowie Werke des abstrakten Expressionismus (Rothko, Newman) und der amerikanischen Pop Art (Warhol, Lichtenstein, Rauschenberg). Anders als ein öffentliches Museum ist die Fondation nicht gezwungen, in die Gegenwart hinein weiterzusammeln. Sie schliesst mit Exponenten des spätmodernen Expressionismus wie Bacon, Baselitz und Kiefer und demonstriert damit die Vorliebe des Sammlerehepaares für die klassische Moderne, die aus deren Sicht in diesen Malern die letzten starken Repräsentanten findet.

Durch ihre selektive Mentalität konzentriert sich die Kollektion auf das rechteckige Leinwandbild und spart – mit Ausnahme von Stella und Kelly – die das klassische Tafelbild überschreitenden Tendenzen aus, angefangen von den raumgreifenden Konzepten der Konstruktivisten über die Revolution der sockellosen Skulptur seit der Minimal Art bis zur Installationskunst der Gegenwart. Ebenfalls ist die konzeptuelle literarische Linie nicht vertreten, die seit Marcel Duchamp den zweiten, die Realität des Kunstwerks immer wieder in Frage stellenden Hauptstrang der modernen Kunstentwicklung bildet. Das vereinfacht natürlich die Aufgabe des Architekten, reduziert sich doch die Disponibilität, wie sie ein mit Installationen und neueren Kunstformen operierendes Museum fordert, auf den Bereich der Sonderausstellungen. Rund ein Drittel der ca. 3300 Quadratmeter grossen Präsentationsfläche war ursprünglich für solche Ausstellungen vorgesehen. Bald nach Eröffnung zeigte sich die steigende Bedeutung der Sonderausstellungen für den Erfolg des Museums, so dass man beschloss, mit dem Erweiterungsbau 270 zusätzliche Quatratmeter für diesen Bereich zu gewinnen. Hier ist nun Raum für das, was die Sammlung ausspart, und Raum für den erweiterten Kunstbegriff. Der bisherige Ausstellungsbetrieb hat bewiesen, dass sich die experimentellen, expansiven

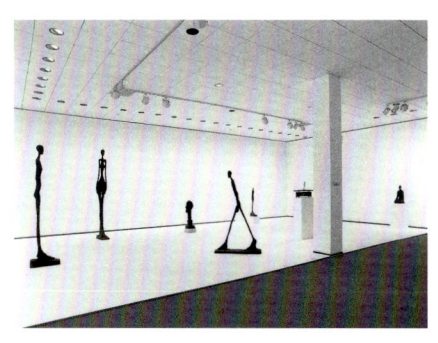

123

Giacometti-Saal in der Ausstellung «Colección Beyeler» im Centro de Arte Reina Sofía, Madrid, 1989

Giacometti-Saal in der Ausstellung «Wege der Moderne – Die Sammlung Beyeler» in der Neuen Nationalgalerie, Berlin, 1993

Giacometti-Saal in der Ausstellung «Masterpieces of the Twentieth Century. The Beyeler Collection» in der Art Gallery of New South Wales, Sydney, 1996/97

Blick in den Giacometti-Saal (Saal 6) mit der Chase-Manhattan-Plaza-Gruppe (1960)

Blick in den Picasso-Saal (Saal 9)

[2] E.C. Frisch: «Gefasel um fade Kisten», in: Die Weltwoche, 19. 2. 1998, S. 45.

[3] Vgl. «Von der Idee eines Raumes für die Kunst zum Kunstmuseum», Ingeborg Flagge im Gespräch mit Axel Schulthes, in: Kunstmuseum Bonn, Bonn 1992, S. 24.

Tendenzen dort gut entfalten können. Piano hat mit grösseren Räumlichkeiten, die flexible Installationen von Kunst und Ausstellungsarchitektur erlauben, und einer technischen Infrastruktur, die auch den neuesten elektronischen Künsten Auftritte ermöglicht, die baulichen Voraussetzungen für ein engagiertes Ausstellungsprogramm geschaffen. Gerade die neuen elektronischen Medien, die einen unbestreitbaren Einfluss auf den Kunstbegriff des 21. Jahrhunderts ausüben werden, wurden mehr und mehr einbezogen und sollen durch zusätzliche, rund 188 Quadratmeter grosse und verdunkelbare Ausstellungsräume im Untergeschoss repräsentativ vertreten sein. Die Fondation will nicht nur ein Haus der klassischen Kunst sein, sondern auch eine Stätte, an der Neues entsteht und die mit dem Neuen einen Dialog führt. Die Kunst des letzten Jahrhunderts, die immer auch Avantgarde sein wollte, braucht diese Herausforderung der Gegenwart.

Wände, Raum, Licht und Stille

Die Aufgabe der Architektur lässt sich auf das optimale Zusammenspiel der vier Grundelemente, «Wände, Raum, Licht und Stille», fokussieren: Möglichst ruhige Wände sollen entsprechende Hängeflächen bieten. Eine möglichst effiziente Raumstruktur soll die optimale Begegnung von Kunst und Betrachter fördern. Möglichst unverfälschtes Naturlicht von oben soll diese Wände mitsamt der Kunst ins «richtige Licht» stellen, so dass zusammen mit den wohlproportionierten, von keinen gestalterischen Details gestörten Räumen eine Atmosphäre der Ruhe entsteht, sowohl der akustischen wie auch der optischen.

Neben diesen, von jedem Museologen ersehnten Bedingungen, gab es beim Projekt von Anfang an eine literarische Formel, über die Bauherr und Architekt miteinander kommunizierten und die, ausgehend von der Sammlung, das stilistische Gepräge der Architektur festlegen sollte: Calme, Luxe et Volupté. Ruhe braucht die anspruchsvolle Kunst, um ihre tieferen Intentionen richtig wahrnehmen zu können; edel, aber angemessen sollen die Materialien und elegant die Ausführung sein; auch darf die Sinnlichkeit nicht fehlen, damit die Kunst nicht in jenen «faden Kisten» landet, die Evelyn Carola Frisch an der jüngeren Schweizer Architektur kritisierte.[2] Wobei der letzte Punkt nicht als Einladung zu selbstgenügsamen Verspieltheiten gemeint war, sondern mehr auf den mediterranen Charme anspielte, der auch Sachliches sinnlich ausführen kann. Hinter dem über Henri Matisse vermittelten Baudelaire-Zitat «Calme, Luxe et Volupté» steckt die Sehnsucht nach einer von Moden unabhängigen Modernität, in welcher der Stifter seine Sammlung gerne aufgehoben sieht.

Wenden wir uns den architektonischen Grundelementen zu und versuchen wir, deren Wirkung auf das Erscheinen, aber auch auf die Wahrnehmung der Kunst zu beleuchten.

Die Kunst unter künstlichem Himmel

Dank der ebenerdigen Entwicklung des Raumprogramms können rund 90 Prozent aller Ausstellungsräume mit dem für die Präsentation von Malerei so vorteilhaften natürlichen Oberlicht versorgt werden – ein Vorzug, den nur wenige Museen diesseits und jenseits des Atlantiks geniessen. Ein Modell war Pianos Museum der Menil Collection in Houston, dessen starre, aber optisch bewegte Dachkonstruktion für Riehen in mancherlei Hinsicht beruhigt und verbessert wurde. Ähnlich wie beim Menil-Bau und auch wie beim Oberlichtsaal des neuen Museums für Gegenwartskunst in Basel wird das einfallende Licht nicht durch ein opakes Material gefiltert, sondern sickert, über mehrere Schichten abgeschwächt, in den Innenraum ein. Es behält dabei seine natürliche Qualität und Gerichtetheit und wirkt nicht

Vortrag «Formstill schaut sich die Vollendung an» von Bazon Brock, 21. September 1998, im Rahmen der Sonderausstellung «Roy Lichtenstein» (Saal 5)

Szenische Lesung von Stanislaw Lems «Mondnacht» mit Silvia Fenz und Christoph Müller, 17. August 1999, in der interaktiven Computerinstallation «Virtual Head» von echtzeit GmbH im Rahmen der Sonderausstellung «Face to Face to Cyberspace» (Saal 20)

«Licht – Spiele» – Vortrag und Tanz mit Gabriele Brandstetter und Brygida Ochaim (im Bild, tanzt nach Loïe Fuller), 6. Mai 2000, anlässlich der Sonderausstellung «Farbe zu Licht» (Saal 18)

diffus-milchig. Das «Licht fällt wie Wasser durchs Sieb».³ Neben dem Wechsel der Tageszeiten sorgt die verzögerte Sensorensteuerung der Lamellenstoren dafür, dass auch kurzfristige Lichtveränderungen, etwa durch Wolkenbewegungen im Aussenraum, nicht sofort ausgeglichen und so im Innern voll spürbar werden. Während diese Tageslichtphilosophie schon in einigen Museen realisiert ist, macht ein weiteres architektonisches Element im Bau von Piano die Lichtregie zu einer einzigartigen Erfahrung. Das Dach besteht aus einem durchgehenden, ca. 140 Meter langen Glasaufsatz, der sich wie ein fliegender Teppich über die Mauern legt. Dadurch stehen die Wände, und damit die Kunst, vollständig im Licht und werden nicht durch geschlossene Deckenrahmen abgeschattet, wie das etwa im neuen Zubau des Städelschen Kunstinstitutes in Frankfurt der Fall ist. Dort tritt der paradoxe Effekt auf, dass der Beschauer im Licht steht und die Kunst im Schatten hängt. Der Raumeindruck und damit auch die Kunsterfahrung in der Fondation Beyeler ist bemerkenswert: Man hat das Gefühl, in einem Hof zu stehen mit einem Stück künstlichen Himmel über dem Kopf – eine Situation, die an den offenen Skulpturenhof, den Papst Julius II. 1503 in der vatikanischen Villa Belvedere einrichtete, erinnert und die Roman Hollenstein als «archaischen Prototyp» für den modernen, überdachten Ausstellungsraum zitiert.⁴

Ruhe und Bewegung: das Layout der Galerie

Die Anordnung dieser «Höfe» birgt nun eine Überraschung. Die Erschliessung des Innern erfolgt nicht über lineare Enfiladen, wie es die vier parallelen Mauern von aussen erwarten lassen. Schon nach dem zweiten Raum steht die Wahl offen, geradeaus zu gehen oder rechts abzubiegen, um plötzlich in dem grossen Léger-Miró-Saal zu stehen. Die ausgewogene Spannung zwischen

Blick vom Monet-Raum in den Mondrian-Saal (Säle 4,5 und 7)

Michelangelo Simonetti, Cortile Ottagono, Belvedere des Vatikan, 1772

⁴ S. Beitrag R. Hollenstein, in diesem Band S. 69.

⁵ *Kemp führt in seinem bekannten Artikel über die Rezeptionsästhetik aus: «Dass Kunst müde macht, wer hätte es nicht erfahren, wer wäre bereit, diesem Effekt einen Platz in der Geschichte der ästhetischen Erfahrung einzuräumen.» (Wolfgang Kemp: «Verstehen von Kunst im Zeitalter ihrer Institutionalisierung», in: (Kat.) Das Bild der Ausstellung, Heiligenkreuzerhof Wien 1993, S. 62. Zuerst ersch. in: Bayrische Akademie der schönen Künste, Jahrbuch 6, 1992). Die Fondation schenkt dem «rezeptiven Komfort» grosse Aufmerksamkeit, u.a. mit grossen Bänken in den Ausstellungsräumen und Fauteuils im Wintergarten, in dem für die Besucher auch eine kleine Bibliothek eingerichtet worden ist.*

freier Wegwahl und ungefährer, chronologischer Lenkung regt gleichermassen zum Sich-Treiben-Lassen und zur bewussten Erschliessung der Galerieräume an. Dieser Wechsel, die moderate Grösse der Sammlung und die Art der Erschliessung der gesamten Galerieebene in Längs- und Querrichtung, erzeugt eine psychologische Einstellung, die für die Aufnahme der Kunst förderlich ist und weniger ermüdet. Der Besucher weiss an jedem Punkt, wo er sich befindet und wieviel noch vor ihm liegt. Dem Effekt der Ermüdung wurde nach Wolfgang Kemp in der Geschichte der ästhetischen Erfahrung bisher noch viel zuwenig Aufmerksamkeit geschenkt.⁵ Piano hat das Bedürfnis nach physischer und psychischer Entspannung, das die Begegnung mit einer Sammlung von dieser Kraft hervorrufen kann, immer wieder berücksichtigt. So hat er etwa in dem an der Westfassade vorgeblendeten Wintergarten, ohne wertvolle Wandflächen für Fenster zu verschenken, eine Ruhezone mit Ausblick auf die reizvolle Landschaft geschaffen.

Von entscheidendem Einfluss auf die «rezeptive Fitness» ist ein wohlüberlegtes Verhältnis von Ruhe und Bewegung. Auf die zur Kontemplation verleitende Geschlossenheit der Einzelräume antwortet eine wohldosierte Dynamik, die durch die Saalfolge und die zumeist länglichen Formate der Räume erzeugt wird. Konzentrierte Betrachtung und das «Verstehen im Gehen» werden in ein Gleichgewicht gebracht. Piano hat zu diesem Zweck zwei verschiedene Raumtypologien miteinander verschränkt. Er hat den modernen Gedanken des offenen, fliessenden Raumes mit den geschlossenen Kompartimenten kombiniert, wie wir sie in den Museen des 19. Jahrhunderts zu schätzen gelernt haben. In letzterem realisiert sich die Forderung des stillen, verinnerlichten Dialogs zwischen Werk und Betrachter. Dieser musste zur Zeit der Aufklärung erst erkämpft werden. Im feudalen Zeitalter war die Verkehrsform «triadisch»

Wintergarten (Panoramagalerie) mit Sitzgelegenheiten und kleiner Bibliothek

Honoré Daumier karikierte im letzten Jahrhundert die Folgen der mit Kunst übervollen Pariser Salons: «In der Skulpturenabteilung des Salons», Lithographie (1864).

Die lockere Hängung nimmt auf den Vorgang der Kunstbetrachtung Rücksicht: Besucher im Impressionisten-Saal (Saal 1).

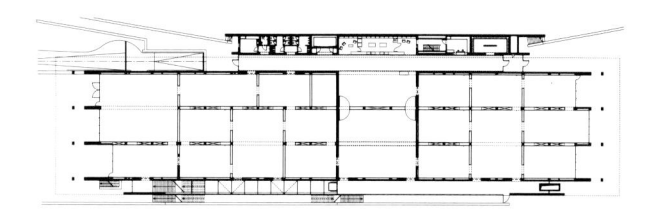

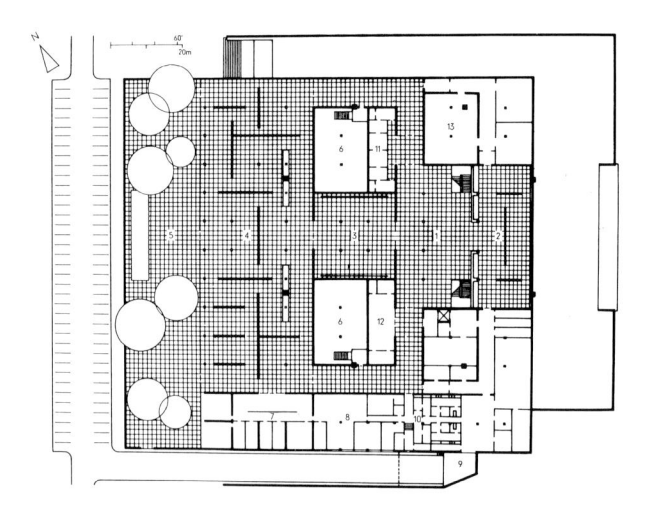

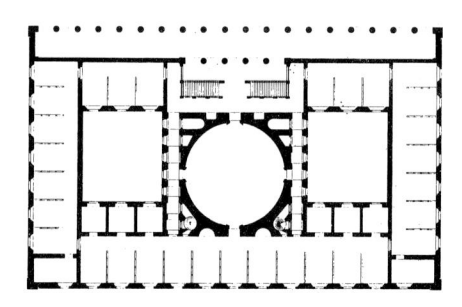

Museumsgrundrisse: Fondation Beyeler, 1997:
Erdgeschoss (oben)

Neue Nationalgalerie Berlin, Ludwig Mies van der Rohe,
1968: Erdgeschoss (Mitte)

Altes Museum Berlin, Karl Friedrich Schinkel, 1825:
Hochparterre (unten)

zwischen sich angeregt unterhaltenden Betrachtern und dem Werk organisiert. Das Gebot des Schweigens und der Stille wurde allerdings im 19. Jahrhundert bald durch den neuen Massenbetrieb wieder unterlaufen. Der buntscheckigen, bis unter die Decke reichenden Bilderwand entsprach der massenhafte Zulauf an Publikum in den Pariser Salons, der durch die Säle bewegt werden musste.[6]

Die Forderung nach Ruhe entstand in unserem Zusammenhang zunächst aus dem Verlangen nach Intimität, wie sie sich aus dem privaten Umgang des Stifterehepaares heraus begründete. Piano hat diesem Bedürfnis in der Proportionierung der Räume Rechnung getragen, in denen auch kleine Gemälde und Papierarbeiten gut zur Geltung kommen sollten. Diesen Wunsch galt es mit dem neuen Öffentlichkeitsanspruch des Museums zu verbinden, das nicht mehr nur ein Ort der Kontemplation, sondern auch der Kommunikation sein muss. Im Centre Pompidou und dessen offener fliessender Raumstruktur verwirklichte Piano 1974 das demokratische Kommunikationsbedürfnis der 68er-Bewegung. Die kompromisslose Kulturmaschine öffnete aber auch der Reizüberflutung des Alltags Tor und Tür. Der Menil-Bau verschrieb sich demgegenüber dem wachsenden Bedürfnis nach konzentrierter Anschauung. In gewisser Weise sucht die Fondation Beyeler einen Ausgleich, und der Grundriss ist ein Ausdruck dieser Synthese.

Die Neutralität des White Cube und die Bestimmtheit des Ortes

Aus dem Spannungsfeld zwischen dem aufkommenden Massenpublikum des Fin de siècle und der Forderung nach mehr Ruhe und nach Isolierung des Einzelbildes tauchte zu Beginn dieses Jahrhunderts eine völlig neue architektonische Typologie für die Präsentation von Kunst auf: der White Cube, der der Kunst erstmals die neutrale, weisse Galeriewand bescherte. «Die Entwicklung der freischwebenden weissen Zelle», bilanzierte Brian O'Doherty, «gehört zu den Triumphen der Moderne. ... Die weisse Zelle hielt das Philistertum draussen und erlaubte es der Moderne, ihre unablässigen Versuche, sich selbst zu definieren, zu einem Ende zu bringen....».[7] Der amerikanische Kunstkritiker hat 1976 nicht nur die Notwendigkeit der gereinigten Zelle für die Autonomie der modernen Kunst aufgezeigt, sondern er hat diese Institution auch einer fundamentalen Kritik unterzogen. Der Tadel betraf die Unbestimmtheit des Raumes, die durch die bewusst formale Neutralität erzeugt wurde, und die Vertreibung des «Körpers des Betrachters» aus der staubfreien Zelle.

Parallel zu O'Dohertys Dekonstruktion des White Cube stiess der expansionsfreudige Kunstbetrieb in den 70er Jahren auf die verlassenen Fabrikhallen als neue Ausstellungsorte. Die Gebrauchsspuren und der industrielle Touch waren nicht nur Ersatz für die nicht realisierbare Infiltration des Alltags durch Kunst, sondern verliehen dem Ausstellungsraum auch die Bestimmtheit örtlicher Identität. Die Postmoderne hat die Bestimmtheit wieder ins Museum zu transportieren versucht, allerdings in Rückwendung auf traditionelle Präsentationsformen, die von historisierenden Versatzstücken gerahmt wurden – mit dem Resultat, dass eine oft selbstverliebte Architektur die nach wie vor störungsempfindliche Kunst in den Hintergrund drängte. Die heutige Museumsarchitektur steht deshalb vor der Aufgabe, die Idee des White Cubes mit der Idee des Ortes zu kombinieren. Piano hat diese historische Situation relativ präzise in einer Negativformulierung zusammengefasst: «Das Museum soll ganz der Anschauung von Kunst dienen. Das ist nicht so einfach zu bewerkstelligen, wie es sich anhört. Sie können nämlich nicht einfach neutrale weisse Räume bauen, wie die These vom White Cube es will. Die

Blick vom Klee- in den Matisse-Saal (Säle 8–10)

Das leere Museum

[6] An Sonntagen zählte man im Salon 30.000 Besucher, die kamen, um in den 80er Jahren des 19. Jahrhunderts zwischen 7.000 und 8.000 Bilder zu sehen.

[7] B. O'Doherty: In der weissen Zelle, Berlin 1996, S. 88f. Zuerst ersch. auf Englisch: «Art as Context», in: Artforum, New York, Nov. 1976.

[8] Aussage von Renzo Piano.

Hallen für neue Kunst, Schaffhausen, mit Richard Long
«Lighting Fire Wood Circle» (1981)

Städtisches Museum am Abteiberg, Mönchengladbach,
Architekt: Hans Hollein, 1982

Das leere Museum: Blick in die Säle 18, 17 und 16

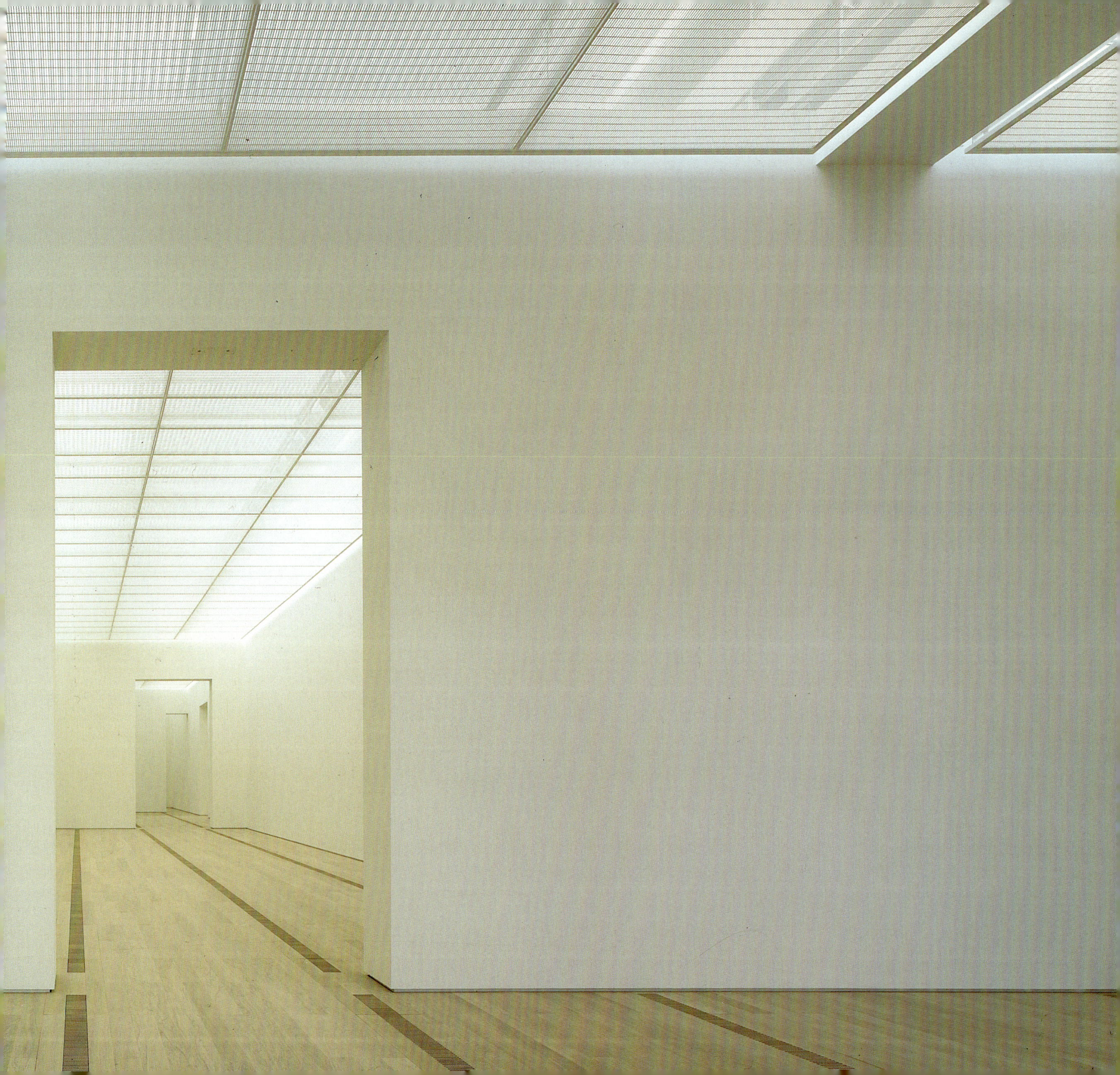

Bild von Barnett Newman in der Menil Collection
Houston, Architekt: Renzo Piano, 1982

[9] Katharina Steib beschrieb die Wirkung des Panzaschen «Raum ohne Eigenschaften» als überraschend. Erreicht wurde nicht eine Neutralität, sondern eine Vernebelung und ein Verlust an Gleichgewicht, der verunsichert und von der Kunstbetrachtung ablenke. Vgl. K. Steib: Räume für Kunst, in: Emanuel Hoffmann-Stiftung Basel, Basel 1991, S. 45.

[10] Der Mondrian-Kandinsky- und der Giacometti-Raum wurden hellgrau gefasst. Dadurch sollte das Überstrahlen der dünnen Giacometti-Skulpturen vermieden werden. Die Abdunkelung der Wand sollte bei Mondrian verhindern, dass die grossen weissen Flächenpartien schmutzig erscheinen.

[11] S. Beitrag Roman Hollenstein, in diesem Band S. 92.

Barnett Newman «The Way II» (1969) und Sitzende Figur (17./18. Jahrhundert), Werkstatt der M'bembe-Region, Nigeria (Saal 13)

töten die Kunstwerke genauso wie hyperaktive Räume, die das Museumsgebäude zum Selbstzweck machen.»[8] Er entwickelte verschiedene gestalterische Massnahmen, um der Unbestimmtheit des White Cube zu entgehen, ohne die Wirkung des Einzelkunstwerks, in diesem Falle der Tafelmalerei, negativ zu beeinflussen. Die oben besprochene Lichtführung wäre eine. Von entscheidender Bedeutung sind aber die differenzierte Behandlung von Boden, Decke und Ausstellungswand und die beziehungsreiche Gestaltung zwischen Innen und Aussen.

Die Wand als (Projektions-) Schirm und Mauer

Der italienische Sammler Panza di Biumo versuchte einmal für seine Werke der Minimal Art einen idealen White Cube zu kreieren, indem er Boden, Wände und Decken vollständig weiss streichen und zudem alle Ecken abrunden liess.[9] Das Museum in Berower-Park setzt sich klar von diesem, in ein weisses, formloses Kontinuum getauchten Ausstellungsraum ab, indem hier die drei Zonen durch unterschiedliche Materialien klar und gleichzeitig subtil voneinander unterschieden sind. «Subtil» meint nicht so kontrastreich wie im Menil-Bau in Houston mit dem dunkel gebeizten Holzboden und der plastisch bewegten Deckenkonstruktion. Das helle französische Eichenparkett ist nur etwas dunkler als die Wand, setzt sich aber gleichzeitig durch die «Wärme des Materials» von dieser ab. Das Deckenvelum ist zwar auch weiss, doch gewährt das Metall-Gitter einen Blick ins Deckenloft und stuft sich klar gegen die geschlossene Oberfläche der Wand ab.[10] Die optische Differenz dieser Materialien war ausschlaggebendes Argument für die Wahl der perforierten Metalldecke gegen ein Stoff-Velum, das zu gleichförmig mit der Wand korrespondiert hätte.

So wie Piano beim Layout der Galerie einen Ausgleich zwischen verschiedenen Raumtypologien sucht, behandelt er die Wand im Ausstellungsraum doppeldeutig: als

Schirm und als Mauer. Mit der zwei Zentimeter grossen Schattenfuge hebt er sie unten leicht vom Boden ab und bringt sie sanft zum Schweben. Diese mit der Transparenz der Decke fast japanisch anmutende Leichtigkeit hat schon zu unterschiedlichen Stellungnahmen geführt. Eine meint, dass dadurch der Raumeindruck verunklärt werde.[11] Man übersieht dabei, dass Piano in den Türleibungen sehr wohl die Wand als Oberfläche eines Mauerkörpers thematisiert, und zwar sehr differenziert. Die Längsmauern sind dicker als diejenigen in Querrichtung. Dadurch wird auch ein direkter Bezug zur länglichen Hauptstruktur des Gebäudes hergestellt. In den dickeren Wänden erkennt man die von aussen so markanten vier parallelen Trag-Mauern wieder.

Was Kritiker vielleicht stört, ist die Thematisierung der Wand als eine Art immaterieller Wand-Schirm. Diese japanische Leichtigkeit hat der Künstler Michel Verjux übrigens mit der Projektion einer von der Decke bis zum Boden reichenden Lichtscheibe auf eine Wand im Foyer anlässlich der Ausstellung «Farbe zu Licht» anschaulich gemacht (s. Abb. S. 66/67). Die unkörperliche Behandlung der Wand steht nicht nur in enger Beziehung zur dynamischen Raum-Zeit-Architektur der Moderne, sondern auch zur abstrakten Malerei. Ausgehend vom Impressionismus wurde der Bildraum immer flacher, bis die ganz auf der Oberfläche sich ausbreitende Malerei begann, die Wand neu zu definieren, und zwar als neutralen Untergrund. Die Entmaterialisierung der Wand als Schirm war die Konsequenz. Kasimir Malewitschs «Schwarzes Quadrat auf weissem Grund» von 1914 ist genau auf diese Transformation hin zu lesen. In der Sammlung Beyeler begegnen wir diesem Verhältnis besonders bei der expansiven informellen und monochromen Malerei eines Claude Monet oder eines Mark Rothko oder dann ganz speziell bei dem nicht mehr rechteckig geformten Shaped Canvas von Ellsworth Kelly, welches die weisse Wand ganz in den Geltungsbereich des Kunstwerks mit einbezieht. Als Anhänger der körperhaften, fest auf dem Boden stehenden Ausstellungswand habe ich Renzo Piano bei der Planung kritisch auf die doch beträchtliche Schattenfuge angesprochen. Bereits nach einem halben Jahr Ausstellungsbetrieb musste ich aber sagen, dass genau diese doppeldeutige Behandlung der Wand die Bestimmtheit des Raumeindrucks in unserem Museum positiv beeinflusst.

Die Beziehung von Innen und Aussen

Eine Hauptkritik am White Cube gilt seiner Abgeschlossenheit nach aussen. Für die Idee der Autonomie der modernen Kunst mag die formale Neutralität notwendig sein, für die Darstellung der Rolle der Kunst in der Welt erweist sich eine differenzierende Gestaltung zwischen Innen und Aussen jedoch als sinnvoll. Der Bau der Fondation Beyeler bestätigt zunächst die formale Abgrenzung des White Cube durch die ruhigen, durch keine technischen Details gestörten Räume. Gleichzeitig steht jeder der 20 Ausstellungsräume durch den halbtransparenten Glasaufsatz des Daches in einer indirekten, einige zudem über vollständig verglaste Wände in einer direkten Beziehung zum Aussenraum.[12]

Der direkte Ausblick aus den Nord- und Südräumen gestaltet sich, ähnlich wie bei Mies van der Rohe, doppelwertig: einerseits erscheint der Park in einem Ausschnitt, der durch die vorkragende Dachplatte und die Mauern wie in einem Bild gerahmt und als ästhetische Grenze erfahrbar wird. Diesem eher statisch-bildhaften Eindruck antworten andererseits die zentralperspektivisch weiterführenden Mauern, die den Aussenraum als Fortsetzung des Innenraums erscheinen lassen. Doch es bleibt nicht beim blossen Ausblick. Die Kunst selbst wird vielfältig in diese Verschränkung mit einbezogen. Im Monet-Raum, den Piano speziell auf das 9 Meter breite Panoramabild konzipierte, wird der Besucher von zwei ganz unterschiedlichen und dennoch analogen Aussichten empfangen. Einmal blickt er auf die gemalte Paysage d'eau, die von der weissen Wand gerahmt wird. Daneben gleitet der Blick auf ein Stück reale Landschaft, die durch die Architektur passepartoutartig ausgeschnitten wird. In dieser Perspektive erscheint der Park nicht weniger künstlich als das Bild, das er – als englischer Landschaftsgarten, der nach malerischen Gesichtspunkten «komponiert» wurde, – ja tatsächlich auch ist.

Die zweite Sicht im Sinne Mies van der Rohes suggeriert die Fortsetzung des Innenraums in den Aussenraum. Dieser expansiven Tendenz entspricht beim Monet-Bild die potentielle Fortsetzung der Malerei über die Leinwandgrenzen hinaus auf die Wand. In der Tat arbeitete der Künstler in dieser Zeit an einer raumgreifenden Dekormalerei, die den Betrachter umfängt und in sich aufnimmt. Das Beziehungsgeflecht von Innen und Aussen, Rahmung und Erweiterung, Fläche und Raum, Kunst und Landschaft und die Art, wie der Betrachter in diese Verschränkung einbezogen wird, machen dieses Ambiente zu einem hochdifferenzierten Wahrnehmungsraum, in dem der Betrachter ganz im Zentrum steht.

Die Emanzipation des Betrachters

Doch damit nicht genug. Auch der Blick von aussen nach innen wird in besonderer Weise thematisiert und macht die Rolle des Betrachters bildhaft deutlich. Von dem tribünenartig ansteigenden Gelände aus, aber auch von der Rampe zum Eingang fällt der Blick bei geöffneten Storen auf die südseitigen Ausstellungsräume, die sich wie ein Schaufenster zum Park hin öffnen. Der Ankommende erkennt nicht nur die «weisse Schachtel» mit den ausgestellten Kunstwerken, sondern auch die

[12] Die Verglasung des grossen Multifunktionsraumes im Untergeschoss führt ebenfalls Naturlicht ins Innere und eröffnet in der oberen Partie einen Ausblick auf den Himmel.

Blick in den Monet-Saal (4) mit dem Bild
«Le bassin aux nymphéas» (um 1917–20)

Die «Nymphéas» von Claude Monet (1927) in der
Orangerie in Paris

Blick vom Park in den Giacometti- und Monet-Saal:
Der Ausstellungsraum wird zum Schaufenster.

13 B. O'Doherty, S. 39.

Kunstbetrachter, die plötzlich selbst als bewegte Exponate erscheinen. Durch diese anschauliche Situation, bei der das Betrachten von Kunst beobachtet werden kann, wird vollends klar, was O'Doherty noch dem geneigten Besucher im Museum drinnen an Bewusstseinsarbeit abverlangen musste: «Während wir uns in dem Raum bewegen, die Wände betrachten und die Objekte auf dem Fussboden umgehen, wird uns bewusst, dass die Galerie noch ein anderes, ein wanderndes Phänomen enthält, den Betrachter.»[13] So fordert uns diese Anordnung zusätzlich auf, bevor wir das Museum betreten oder auch danach, ein wenig über den merkwürdigen Kult des Bilderbetrachtens und dessen individuelle wie auch gesellschaftliche Motive nachzudenken.

Renzo Pianos unübersehbares Plädoyer für die Rezeption sorgt nicht nur für einen besucherfreundlichen Komfort, sondern fördert die Emanzipation des Betrachters, die, ausgehend vom Impressionismus und dessen Verunsicherung der Sinne, zu einem Katalysator der modernen Kunstentwicklung wurde. Die Erkenntnis, dass Kunstwerke zwar durch die Künstlerhand entstehen, aber erst durch die aktive Wahrnehmung des Betrachters vollendet werden, hat sich in der Kunstwissenschaft noch nicht durchgesetzt. Dabei besitzt die Sammlung unter anderem in Cézannes scheinbar unfertigen Arbeiten, in Degas «voyeuristischer» Morgentoilette, in Picassos und Braques kubistischen Suchbildern und in Giacomettis Aufforderung zum aktiven Nachvollzug von Stehen und Gehen gerade solche Werke, die den Akt des Betrachtens explizit thematisieren. Im Berower-Park hat nun auch die moderierende Museumsarchitektur diese rezeptionsästhetische Erkenntnis konkret umgesetzt – ohne, und das ist entscheidend, zwanghafte Didaktik und ohne die Würde der Kunstbetrachtung selbst ironisch zu unterlaufen.

Das Museum als Harmonie- oder Differenzmaschine

Bauherr und Architekt hatten verschiedenste Ansprüche zu vereinigen. Es galt einen museologischen Standort zu definieren und ihn in einer architektonischen Konzeption, die die Einstellung des Besuchers in die richtige Richtung lenkt, zu kristallisieren. Der Ankommende trifft zunächst auf massive Mauern, die den Museumsbezirk wie eine Festung gegen den lauten Alltag zu schützen scheinen. Doch schon die differenzierte Gestaltung des äusseren Mauerrings lässt bald erkennen, dass dieses Museum nicht der «Schutzhaft von Kunstwerken» dient, sondern weist es als einen klar ausgegrenzten, aber zugänglichen Ort aus, an dem Menschen zusammen mit der Kunst Erfahrungen machen können, die anderswo so nicht erlebbar sind. Der Park, der den Besucher dann wie in einer Oase aufnimmt, vermittelt die klösterliche Ruhe, die für die Begegnung mit dieser Art von Kunst wichtig ist.

Kurz darauf empfängt das Innere den Eintretenden mit einer kommunikativen Piazza. Die zentrale Empfangshalle gibt sich also nicht als ehrfurchtsheischende Ruhmeshalle, sondern als Treffpunkt, an dem sich der Besucher auch mit Literatur und Erinnerungsstücken eindecken kann. Die Diskretion des Art Shops und das ausgesuchte Sortiment verhindern, dass das Museum als Shopping Center und Mondrian und Léger als blosse Designer unserer Konsumwelt wahrgenommen werden, wie das in vielen Museen immer häufiger der Fall ist. Ohne den kommerziellen Aspekt, der auch für dieses Museum nicht ganz unerheblich ist, zu kaschieren, bleiben die Händler vor dem «Tempel», dessen Schwelle klar durch die Trennung von Service-Trakt rechts und von Galerieräumen links des Korridors festgelegt ist. Architektonisch spielt das Tempelmotiv, wie auch Hollenstein ausführt, tatsächlich eine Rolle: aussen durch das

Daniel Chodowiecki: «Kunstkenntnis (falsch und richtig)», Radierung (1780)

Die Kunst und ihre Betrachter sind mittlerweile wieder eine Thema der Kunst geworden: Thomas Struth: «National Gallery, London» (1989), Colour-Print

Blick in die Sonderausstellung «Magie der Bäume», 1998/99, mit Richard Longs «Puget Sound Driftwood Circle» (1996), Hamish Fultons «Ohne Titel» (Japan 1996) und Rodney Grahams «Stanley Park Cedars, Vancouver» (1991)

[14] B. Groys: Die Logik der Sammlung, München 1997, S. 61.

[15] B. Groys, S. 62.

vorkragende Dach, die Pfeilerhalle und die schweren Mauern. Dennoch gibt sich die Fondation Beyeler nicht einfach als Stätte der Heiligung der klassischen Moderne. Die verglasten Süd-, Nord- und Westfassaden und das schwebende Dach verwandeln den Tempel in eine leichtere Pavillonarchitektur, die auch den Geist einer stets sich erneuernden Moderne versinnlicht.

Der Kulturphilosoph Boris Groys kritisierte unlängst das Museum allgemein als traditionellen Ort der Kunst, der durch die Technologie starke Konkurrenz erfährt, «zunehmend als überholt empfunden wird und als armer Verwandter der Medien dasteht.» Demgegenüber brachte Renzo Piano über die filigrane Dachkonstruktion, die eine sensible Lichtmaschine enthält, den Hauch der Technologie in die Architektur dieses Museums mit ein und vergegenwärtigt auf unprätentiöse Weise das Wechselspiel von Natur, Kunst und Technik. Groys plädiert für das fliessende Museum, «das alle Identitäten unsicher macht und unterwandert.»[14] Die Fondation Beyeler kann sich diesem «Fluss der Zeit» nicht entziehen, will aber auch nicht in ihm untergehen. Sie will Begriffe wie «Qualität» oder «Tradition» oder «kulturelle Identität»[15] nicht einfach vor der Flut der Bilder abschotten, will diese aber auch nicht preisgeben. Dafür soll ein engagiertes Ausstellungs- und Vermittlungsprogramm sorgen, das den «Schatz der klassischen Moderne» im Dialog mit der Gegenwart immer wieder neu «aufschliesst» und aktualisiert.

Sammlung und Sonderausstellungen:
Die Herausforderung der Gegenwart

Diese Auseinandersetzung spiegelte sich in den bisherigen Ausstellungen. So antwortete in «Magie der Bäume» (1998/99) auf die traditionelle Bildergalerie mit Baumdarstellungen von C.D. Friedrich bis Georg Baselitz ein zusammenhängendes Ensemble von Installationen mit realen Naturmaterialien. Die Zäsur zwischen Erd- und Untergeschoss markierte den kunsthistorischen Durchbruch in den 60er Jahren, bei dem avantgardistische Künstler nicht nur das Tafelbild, sondern auch das Atelier verliessen, um über Erkundungen im Landschaftsraum zu neuen adäquaten Stellungnahmen über die zunehmend beschädigte Natur zu gelangen. Dabei erwies sich gerade der flache, grosse Untergeschosssaal mit seiner doppelten Verglasung als geeignet, um auf neuartige Weise den Naturraum in den Museumsraum hereinzublenden. Richard Longs 8 Meter grosser Kreis aus rohem Schwemmholz liess sich wie selbstverständlich auf dem glatten Eichenparkett nieder. In Hamish Fultons wandfüllendem Schriftbild konnte eine japanische Landschaft gedanklich abgeschritten werden und die auf dem Kopf stehenden Baumstrünke von Rodney Graham machten die Fondation als eine riesige Camera obscura fassbar, die die Natur als Vexierbild auf ihrer Rückwand abbildete (s. Abb. S. 138).

In der Ausstellung «Face to Face to Cyberspace» (1999) kam erstmals der multimediale Dialog mit Grenzgebieten der Kunst zum Tragen. Eine Arena mit grossformatigen Frontalgesichtern wurde flankiert von einer Videoinstallation, die sich mit der Gewalt gegen das Gesicht im Kino beschäftigte (s. Abb.). Ausserhalb der Verglasung des Wintergartens hing wie in einer Vitrine eine 18 Meter lange Plakatwand und brachte so den öffentlichen Raum der Massenkommunikation ins Schaufenster des Museums; «Virtual Head» vom Innovationsstu-

«Cézanne und die Moderne», 1999/2000, mit Piet Mondrians «Komposition mit Doppellinie und Blau» (1935) und Paul Cézannes «Le Bassin du jas de Bouffan» (1878)

«Face to Face to Cyberspace», 1999, mit Granular~Synthesis' *Modell 5 – MotionControl*» (1994)

«Farbe zu Licht», 2000, mit Rupprecht Geigers «Neues Rot für Gorbatschow» (1989)

dio «echtzeit» aus Berlin lud den Besucher, der zuvor Face to Face sein Gesicht durch die Ausstellung getragen hat, ein, dieses in die interaktive Cyberspace-Installation einzuscannen und in die Ausstellung zu integrieren (s. Abb. S. 125 Mitte). Auch hier bewährte sich der grosse Untergeschossraum als ein Labor für den Dialog von Neu und Alt, während mit «Cézanne und die Moderne» (1999) erstmals eine Sonderausstellung in den Sammlungsräumen stattfand und damit die Sammlung selbst in ein neues Licht gestellt wurde (s. Abb. S. 139 oben). Vollkommen verändert präsentierte sich das Untergeschoss in «Farbe zu Licht» (2000) nicht als unverbauter Saal, sondern als durchdachte Abfolge von Raumkompartimenten, die auf die Kunstwerke zugeschnitten waren. Der Besucher konnte in dieser neuen Ausstellungsarchitektur den Weg vom gemalten Licht in der grossformatigen Farbfeldmalerei (Rothko, Newman, Geiger) bis zu den raumgreifenden Lichtinstallationen der Gegenwart (Flavin, Nannucci) als konsequente Entwicklungsgeschichte der Malerei abwandern. Erstmals haben bei diesem Projekt auch junge Künstler (Kowanz, Kuball, Verjux) Installationen in und am Gebäude vorgenommen und damit nicht nur die selektive Mentalität der Sammlung als Prüfstein herausgefordert, sondern auch die Architektur als vielseitig dialogfähige Gefäss- und Trägerstruktur getestet.

Burg und Oase, Tempel und Agora, Kloster und Labor, Mausoleum und Hightech-Pavillon, Vergangenheit und Zukunft – auch wenn die Anlage vieles zusammenbringt, so heisst das nicht, dass alles vereinheitlicht und der museologische Standpunkt dadurch verwässert wird. Vielmehr kristallisiert sich in ihrer Architektur – um es mit den Worten der aktuellen Philosophie auszudrücken – ein «Mechanismus zur Herstellung von Differenz», denken wir an die Beziehung von Innen und Aussen oder an die Rolle der Mauer.

Hubert Robert (1733–1808)
«Vue imaginaire de la Grande Galerie du Louvre en ruines»

[16] Vgl. Henri Pierre Jeudy: *Die Welt als Museum*, Berlin.

In den 70er Jahren sah man die Museen als hehre Tempel des elitären Bürgertums und forderte deren Abschaffung. Man versuchte die Kunst aus den schützenden Mauern zu befreien, um sie im Alltag aufzulösen. Die 80er Jahre setzten auf den umgekehrten Weg. Man wollte den Unterschied von Welt und Museum in dem Sinne aufheben, dass das Museum zur Welt wurde. Der Alltag wanderte ins Museum. Das gemeinsame Resultat dieser zwar gegensätzlichen Tendenzen war die Aufhebung von Differenz und die Musealisierung der Welt selbst.[16] Nicht nur Kulturphilosophen und Museumsleute warnen davor, dass das Museum im Zeitalter der Massenmedien zu einem blossen Trailer im pluralistischen Angebot der Unterhaltungsindustrie zu verkommen droht. Auch beim Publikum macht sich vermehrt das Bedürfnis nach Orten bemerkbar, die man bewusst aufsucht und an denen die Stimme der Kunst ungestört gehört und die Qualität der Werke unvoreingenommen geschätzt werden kann. Es besteht also – abstrakt ausgedrückt – ein zunehmendes Bedürfnis nach Differenz, und das nicht nur zwischen Kunst und Alltag, sondern auch zwischen Alt und Neu. Dieser aktuelle kulturelle Hintergrund ist in die Präsentation der Sammlung, in das Ausstellungsprogramm und in Renzo Pianos Museumsbau eingeflossen.

Nachdem sich die Kunstwelt schon mit der Hybris einer Architektengeneration abzufinden schien, die Museen nurmehr für ihr Selbstdarstellungsbedürfnis oder für eine boomende Kulturindustrie baut, ist hier am Rheinknie, eingebettet in die Parklandschaft des Berower-Gutes, ein Beispiel für das glückliche Zusammenspiel von Kunst und Architektur entstanden – ein Haus nicht gegen, sondern für die Kunst.

Blick in den Saal 18 nach der Bauerweiterung, 2000

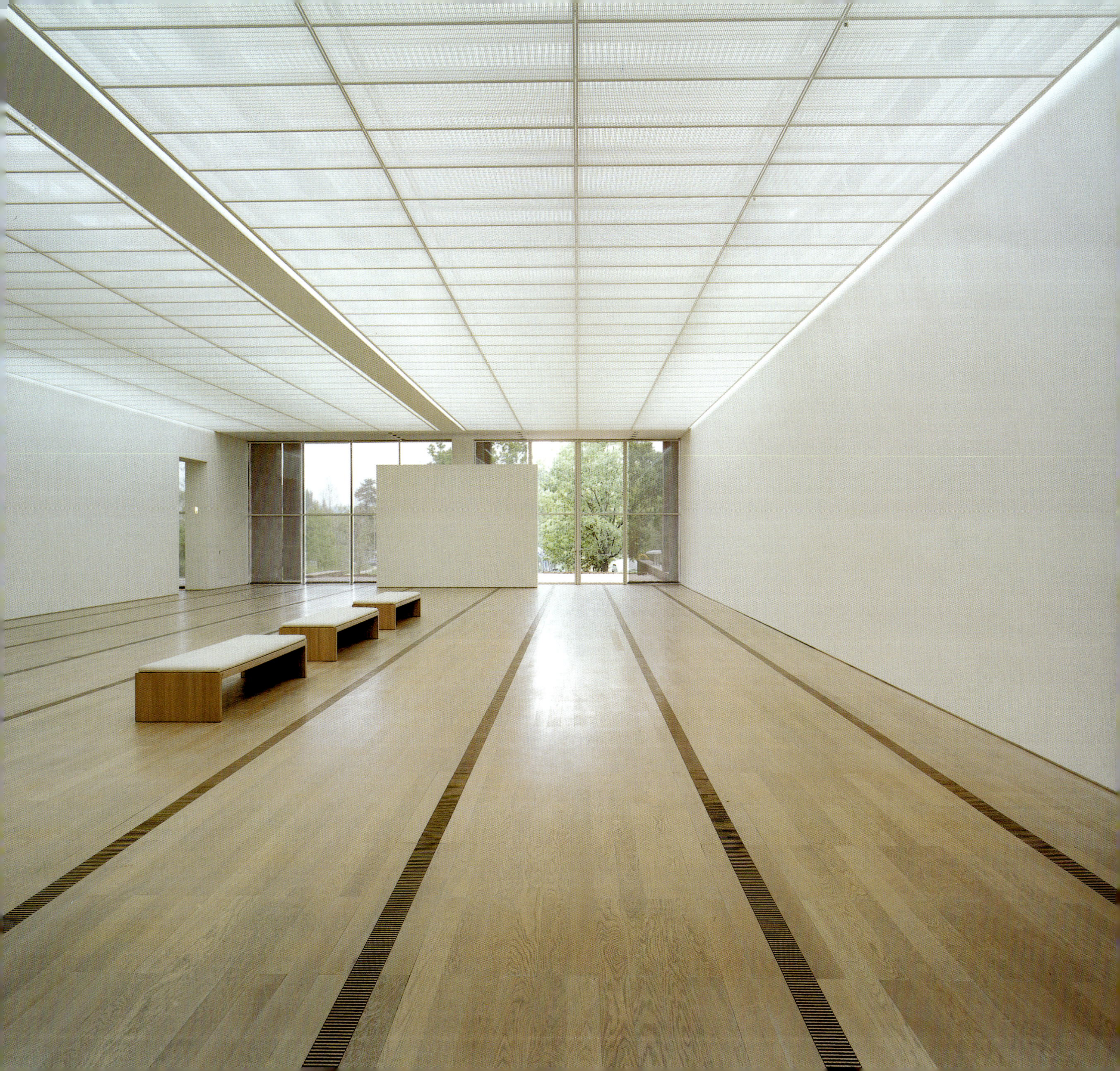

Projektdaten
Fondation Beyeler

Ort
Baselstrasse 77, CH-4125 Riehen
bei Basel, Telefon ++41 61 645 97 00

Auftraggeber
Beyeler-Stiftung, Riehen

Projekt / Erweiterung
1992 / 1999

Ausführung / Erweiterungsbau
1994–1997 / 1999–2000

Bruttogeschossfläche / Erweiterung
5 490 m² / 735 m², neu: 6 225 m²

Ausstellungsfläche / Erweiterung
3 306 m² / 458 m², neu: 3 764 m²

Bruttorauminhalt / Erweiterung
42 800 m³ / 3 650 m³, neu: 46 450 m³

Gebäudekosten / Erweiterungsbau
55 Mio sFr. / 11 Mio sFr.

Architekten
Renzo Piano Building Workshop, Paris/Genua
Entwurfsteam: R. Piano,
B. Plattner (associate in charge), L. Couton
Erweiterung: E. Volz

Assoziiertes Partnerbüro / Bauleitung
Burckhardt + Partner AG, Basel

Beratende Ingenieure
Statik, Gebäudetechnik, Tageslichtplanung
Ove-Arup & Partners International, London

Heizungs-, Lüftungs-, Klimaplanung
Jakob Forrer AG, Buchrain

Bauingenieur
C. Burger + Partner AG, Basel

Sanitäringenieur
Bogenschütz AG, Basel

Elektro- und MSR Engineering / Kunstlicht
Engineering / Safety-, Security Engineering
Elektrizitäts AG, Basel

Dach-Ausführung
Arge Jakem AG / G+H Montagebau AG,
Münchwilen

Fassaden-Ausführung
Arge O. Nyfeler AG / Preiswerk und
Esser AG / Gerber-Vogt AG, Basel

Audiovisuelle Anlagen
Comfa AG, Zug

Landschaftsarchitekten
Schönholzer + Stauffer GmbH, Riehen
Jochen Wiede, Basel

Die Autoren

Ernst Beyeler, geboren 1921 in Basel. 1940 Studium der Ökonomie und Kunstgeschichte an der Universität Basel. 1945 Gründung der Galerie an der Bäumleingasse in Basel, seither 250 Ausstellungen mit dem Schwerpunkt Klassische Moderne. 1971 Mitbegründer der Internationalen Kunstmesse ART, Basel. 1982 Errichtung der Beyeler-Stiftung. 1987 Ernennung zum Dr. h.c. phil.I der Universität Basel. 1989 Präsentation der Sammlung Beyeler im Centro de Arte Reina Sofía, Madrid. Eröffnung der Fondation Beyeler im Oktober 1997.

Werner Blaser, geboren 1924 in Basel. Architekt BSA/SIA. Praktikum bei Alvar Aalto, Studium bei Ludwig Mies van der Rohe am «Illinois Institute of Technology» in Chicago. Lebt und arbeitet als Architekt, Designer und Publizist in Basel. Er hat im Birkhäuser Verlag eine Vielzahl von Büchern über die bedeutendsten Architekten unserer Zeit veröffentlicht.

Markus Brüderlin, geboren 1958 in Basel, Studium der Kunstgeschichte, Kunstpädagogik, Philosophie und Germanistik in Wien; Publizist und Ausstellungsmacher. Promovierte zum Thema Abstrakte Kunst im 20. Jahrhundert. 1994 Gründer des Kunstraums Wien und der Zeitschrift «Springer». 1994–96 Kunstkurator des österr. Bundesministers für Wissenschaft und Kunst. Seit Herbst 1996 künstlerischer Leiter der Fondation Beyeler.

Andrea Compagno, geboren 1956 in Soregno (Schweiz), Architekturstudium an der ETH-Zürich, Förderpreis des Schweizer Stahlbaus für seine Diplomarbeit. 1984–87 Assistent von Prof. Dr. R. Schaal am Lehrstuhl für Architektur und Konstruktion an der ETH-Zürich. 1989–93 Oberassistent von Prof. Dr. H. Hugi, Institut für Hochbautechnik an der ETH-Zürich. Seit 1994 unabhängiger Fassadenplaner und -berater in Zürich. Seit 1995 Redaktor bei «Fassade/Façade», seit 1997 Lehrbeauftragter an der Universität Stuttgart. Im Birkhäuser Verlag ist sein Buch «Intelligente Glasfassaden/Intelligent Glass Facades» (überarbeitete und erweiterte Auflage 1999) erschienen.

Roman Hollenstein, geboren 1953, Studium der Kunst- und Architekturgeschichte, der Archäologie und Germanistik an der Universität Bern. 1984 Promotion. Kunst- und Architekturkritiker in Zürich, Kurator an den Sammlungen des Fürsten von Liechtenstein in Vaduz, Lehrbeauftragter an der Universität Bern und an der Schule für Gestaltung in Zürich sowie Leiter der Abteilung Kunstgeschichte am Schweizerischen Institut für Kunstwissenschaft. Seit 1990 Redaktor für Architektur und Design bei der Neuen Zürcher Zeitung in Zürich.

Renzo Piano, geboren 1937 in Genua, bis 1964 Architekturstudium am Polytechnikum Mailand, 1965–1970 Zusammenarbeit mit Louis I. Kahn und Z.S. Makowsky, Freundschaft mit Jean Prouvé, ab 1971 Zusammenarbeit mit Richard Rogers, ab 1977 mit Peter Rice. Derzeit arbeiten in Genua, Paris und Berlin drei Büros unter dem Namen «Renzo Piano Buildung Workshop». Neben vielen anderen Auszeichnungen erhielt Renzo Piano 1998 den Pritzker Preis.

Jochen Wiede, geboren 1941 in Bad Aibling (Deutschland), dipl. Ing. Landschaftsarchitekt, lebt seit 1969 in seiner Wahlheimat Basel und führt dort seit 1978 ein eigenes Planungsbüro. Neben seinen beruflichen Tätigkeiten in der Schweiz, aber auch in Nordirland, Deutschland und im Elsass, setzt er sich auch als Buch- und Fachautor für die Belange der Gartendenkmalpflege ein.

Lutz Windhöfel, geboren 1954 in Wuppertal-Elberfeld. Studium der Kunstgeschichte und der politischen Geschichte in Basel und Heidelberg. Promotion. Arbeitet als Publizist und Kritiker. Lebt in Basel. Zuletzt erschienen: Architekturführer Basel 1980–2000. Ein Führer durch die trinationale Stadt, Basel · Boston · Berlin (Birkhäuser) 2000.

Bildnachweis

Abkürzungen:

l: links, r: rechts, o: oben, u: unten, m: Mitte

Umschlag: Photos: Niggi Bräuning (Basel)

© Agence photographique
de la Réunion des musées nationaux (Paris)
135 u

© Archiv Philip Johnson
82

© Berengo Gardin, Gianni
49 o, 94

© Bayer, Robert, LAC AG (Basel)
138

© Bräuning, Niggi (Basel)
8/9, 10/11, 16/17, 28 u l, 32, 33, 38, 39, 40, 41, 42, 43, 44: 1. und 2. von o, 45 m: 1., 2. und 3. von o, 45 r: 1., 2. und 3. von o, 57 u, 62, 72, 76, 77 o, 80, 81 m, 83 o, 87, 89 o, 91, 98, 100, 106/107, 108, 112, 113 o, 114 u, 115, 117, 119, 122, 124, 125 o, 127 o, 127 u, 133, 135 o, 136, 141

© Brüderlin, Markus (Basel)
45 m l, 60 u, 89 u, 130, 132, 148

© Bryant, Richard / Arcaid
86 u

© Centro de Arte Reina Sofía (Madrid)
123 o

© Christo
45 o l, 114, 115

© Compagno, Andrea (Zürich)
50 o, 51 u l, 52, 54 o l, 56/57, 57 o

© Denancé, Michel
40: 3. von o, 48, 53, 64 o, 90 m, 101

© Detail: Zeitschrift für Architektur und Baudetail (München)
49 m, 49 u, 50 u, 51 u r

© Dix, Thomas (Grenzach-Wyhlen)
12/13, 14/15, 51 o, 90 o, 96/97, 103, 129 u, 131

© echtzeit GmbH
Photo: Ben Ludwig (Lörrach)
125 m

© Ege, Hans (Luzern)
61 u

© Fernez, Gilbert (Le Havre)
86 o

© Ferreira Alves, Lluís (Porto)
78

© Feruzzi (Venezia)
86 m

© FMGB, Guggenheim Bilbao Museoa (Bilbao), 1998,
Photo: Erika Barahona Ede
61 o

© Fondation Beyeler (Riehen)
44: 1. von u, 45 u, 123 u

© Fondation Beyeler (Riehen), Photo: R. Friedrich (Berlin)
123 m

© Fondation Le Corbusier (France)
71 u

© Fondation Maeght (St. Paul-de-Vence), Photo: Claude Gaspari
75 o

© Frahm, Klaus (Hamburg) / CONTUR
74 u

© Frederiksen, Jens (København)
81 o

© Fulton, Hemish
Photo: Robert Bayer LAC AG (Basel)
138

© Gast, Klaus-Peter (Oldendorf-Luhe)
67 o

© Geiger, Rupprecht
Photo: Andreas F. Voegelin (Basel)
139 u

© Gemeindearchiv Riehen
109 u

© Glättli, Walter (Stäfa)
95 o

© Graham, Rodney
Photo: Robert Bayer LAC AG (Basel)
138

© Granular~Synthesis
Photo: Andreas F. Voegelin (Basel)
139 m

© Gouings
68 o

© Helfenstein, Heinrich (Zürich)
92 o

© Hester, Paul
64 u

© Hunter, A.
68 u

© Kelly, Ellsworth
Photo: Niggi Bräuning (Basel)
44 o

© Kemp, Wolfgang (Marburg)
127 m, 137 o

© Kogler, Peter
Photo: Andreas F. Voegelin
93

© Krase, Waltraud (Frankfurt)
63, 92 u

© Long, Richard
Photo: Robert Bayer LAC AG (Basel)
138

© Ludwig, Ben (Lörrach)
44: 3. von o, 125 m

© Monumenti Musei e Gallerie Pontificie (Città del Vaticano)
69, 126 u

© The Museum of Modern Art (New York), 1998
77 u, 95 u

© Musi, Pino
99 o

© Photo RMN (Paris), Photo: Jean Schormans
140

© Photo Collection PPP
60 o

© Plattner, Bernard
21

© ProLitteris, 2000 (8033 Zürich)
14 (Sam Francis, Frank Stella), 45 m: 1. von o
(Eva), 64 (Joan Miró, Roy Lichtenstein), 69 u
(Le Corbusier), 86 (Mark Rothko, Andy Warhol,
Mark Tobey), 73 o, 120 (Alberto Giacometti),
122 (Pablo Picasso), 131 (Barnett Newman), 139 o
(Piet Mondrian).
Die Photographen dieser Abbildungen sind separat
aufgeführt.

© Renzo Piano Building Workshop (Paris, Genova)
20, 22/23, 24, 25, 26, 27, 28/29 o, m, 28 u r,
35, 36/37, 47, 83 u, 90 u, 128 o

© Richters, Christian (Münster)
54/55, 73, 84, 85, 88, 126 o, 129 o

© Rodríguez, Juan (La Coruña)
102 o

© The Royal Collection, 1998
  Her Majesty Queen Elizabeth II (Windsor)
  70 o

© Sammlung architektonischer Entwürfe
  128 u

© Schnetz, Peter (Basel)
  125 u

© Soar, Timothy (Norfolk)
  99 u

© Spiluttini, Margherita (Wien)
  67 u

© Staatliche Museen zu Berlin
  128 m

© Stiftung Langmatt (Baden)
  71 o

© Struth, Thomas
  137 u

© Studio Casali (Milano)
  75 u

© Thyssen-Bornemisza Collection (Castagnola-Lugano)
  74 o

© Thyssen-Bornemisza Collection (Castagnola-Lugano),
  Photo: Giuseppe Pennisi (Lugano)
  74 m

© Verjux, Michel
  Photo: Andreas F. Voegelin (Basel)
  66

© Voegelin, Andreas F. (Basel)
  66, 93, 139

© Volz, Wolfgang (Düsseldorf)
  45 o l, 114, 115

© Volz, Wolfgang (Düsseldorf)
© Christo
  Photo: Niggi Bräuning (Basel)
  114 u, 115

© Werlemann, Hans (Rotterdam)
  102 u

© Wiede, Jochen (Basel)
  109 o, 111, 113 u, 116 u

© Wipf, Jean-Marc (Basel)
  116 o

Wir haben uns bemüht, für alle Abbildungen die Urheberrechte ausfindig zu machen und aufzuführen. Wo dies nicht der Fall ist, liegen die Rechte beim jeweiligen Architekten, oder es ist uns nicht gelungen, die Autoren zu kontaktieren. In diesem Fall bitten wir die Urheber, sich mit dem Verlag in Verbindung zu setzen.

Übersetzung des Interviews, Teil 1, aus dem Französischen ins Deutsche:
Hans-Peter Hiller, Versailles

Deutsche Bibliothek Cataloging-in-Publication Data

Renzo Piano - Fondation Beyeler : ein Haus für die Kunst /
hrsg. von der Fondation Beyeler. [Übers. des Interviews aus dem Franz.
ins Dt.: Hans-Peter Hiller]. - 2. Aufl.. - Basel ; Boston ; Berlin :
Birkhäuser, 2001
   Engl. Ausg. u.d.T.: Renzo Piano - Fondation Beyeler
   Franz. Ausg. u.d.T.: Renzo Piano - Fondation Beyeler
   ISBN 3-7643-6274-X

Dieses Buch ist auch in englischer (ISBN 3-7643-6275-8),
französischer (ISBN 3-7643-6276-6) und
italienischer (ISBN 3-7643-6277-4) Sprache erschienen.

Dieses Werk ist urheberrechtlich geschützt. Die dadurch begründeten Rechte, insbesondere die der Übersetzung, des Nachdrucks, des Vortrags, der Entnahme von Abbildungen und Tabellen, der Funksendung, der Mikroverfilmung oder der Vervielfältigung auf anderen Wegen und der Speicherung in Datenverarbeitungsanlagen, bleiben, auch bei nur auszugsweiser Verwertung, vorbehalten. Eine Vervielfältigung dieses Werkes oder von Teilen dieses Werkes ist auch im Einzelfall nur in den Grenzen der gesetzlichen Bestimmungen des Urheberrechtsgesetzes in der jeweils geltenden Fassung zulässig. Sie ist grundsätzlich vergütungspflichtig. Zuwiderhandlungen unterliegen den Strafbestimmungen des Urheberrechts.

© 2001 Birkhäuser – Verlag für Architektur,
  Postfach 133, CH-4010 Basel, Schweiz
  Ein Unternehmen der Fachverlagsgruppe BertelsmannSpringer

1. Auflage 1998 bei Birkhäuser – Verlag für Architektur, Basel

Gedruckt auf säurefreiem Papier, hergestellt aus
chlorfrei gebleichtem Zellstoff. TCF ∞

Konzeption: Markus Brüderlin, Ulrich Schmidt
Gestaltung: Karin Weisener, Birkhäuser Verlag
Desktop Publishing: Christoph Kloetzli, Basel
Einbandgestaltung: Sandra Kunz, Basel
Printed in Germany

ISBN 3-7643-6274-X

9 8 7 6 5 4 3 2 1